비주얼로
살아나는
이순신

비주얼로 살아나는 이순신

#거북선
#임진왜란

권동현(비주얼스토리텔러) 지음
뿌리깊은 역사나무 감수

코알라
스토어

한눈에 보는 위인의 삶

이 책은 우리나라 대표 위인의 삶을 한눈에 볼 수 있도록 그림으로 요약한 책이다. 한 분야에서 큰 업적을 이룬 사람들이 오랜 시간 우리 마음속에 남아있는 이유는 분명히 있을 것이다. 태어날 때부터 비범한 재능이나 특별한 능력이 있어서 큰 업적을 이뤘다기보다는 끊임없는 도전과 노력 그리고 시련 속에서도 묵묵히 자신의 길을 걸어간 사람들이 빛을 발한 것이다. 이들의 이야기가 오랜 시간 많은 이들의 가슴을 뜨겁게 한 이유도 이와 같다고 생각한다. 과거의 인물이라 해도 위인이 걸어간 행보는 현대를 살아가는 우리에게 큰 영감과 교훈을 준다. 앞으로 수없이 다양한 길을 걸어갈 아이들에게 위인들의 포기하지 않는 정신과 지혜를 선물하고자 하는 마음에서 위인전을 만들게 되었다.

기존 위인전의 학습만화 방식에서 벗어나 일러스트와 비주얼로 위인의 삶을 새롭게 조명해 보고 싶었다. 따라서 이 책은 일러스트를 통한 한 사람의 드라마에 초점이 맞춰져 있다. 두 페이지에 걸친 큰 그림은 전체의 흐름을 쉽게 이해할 수 있도록 돕고, 당시 시대적 상황과 주변 나라 및 인물들을 입체적으로 폭넓게 파악할 수 있도록 할 것이다.

한 사람의 이야기를 다루는 위인전을 작업하다 보니 이순신이라는 사람에 큰 매력을 느꼈다. 한편, 위인은 역사상 실재한 인물이라는 점이 상당히 조심스럽게 느껴졌다. 기록과 조사만으로 그 인물이 가졌던 감정과 생각을 100% 이해할 수 없다고 생각되었기 때문이다. 그리하여 기록을 바탕으로 객관적인 시점에서 인물의 이야기를 표현하고자 노력하였다. 또한 역사적 사실은 역사 전문가에게 고증을 받았다.

이러한 모든 상황을 이해해 주고 책을 만들 수 있도록 도와준 출판사 대표님과 에디터님께 진심으로 감사드린다. 여러 아이디어를 주고 지지해 준 친구와 동료들에게도 깊은 감사를 표현하고 싶다. 그리고 긴 시간 옆에서 응원해 준 아내와 나중에 태어날 아이에게 이 책을 선물하고 싶다.

한눈에 보는 인물의 삶

*모든 날짜는 음력을 기준으로 함.

이순신의 일생

1545
서울 건천동(현재: 서울시 중구 인현동)
아산 외가로 이사(13-15세 이후로 추정)

1565
보성 군수 방진의 딸과 혼인하고
장인어른 방진에게 무예를 배움

1566
무인이 될 것을 결심

1567
첫째 아들 '이회' 출생

1571
둘째 아들 '이울' 출생

1572
첫 번째 무과 시험 응시
별과 시험 중 말에서 떨어져 낙방

1576
두 번째 무과 시험 합격
식년 무과 병과 합격
첫 번째 근무지: 함경도 동구비보

1577
셋째 아들 '이면' 출생

1579
2월 훈련원 봉사(종8품)
10월 충청병사 군관

1580
전라좌수영 발포 만호(종4품)

1581
서익의 모함으로 파직

1582
훈련원 봉사로 복직

1583
7월 함경도 남병사의 군관
10월 건원보 권관
11월 훈련원 참군으로 승진·아버지의 죽음

1584
아버지의 무덤을 3년간 지킴

1586
사복시 주부(종6품)로 복직되었으나 16일 만에 류성룡의 추천으로 조산보 만호(종4품)로 근무

1587
녹둔도 전투 후 백의종군. 녹둔도 둔전관 겸직 수행 중 여진의 기습을 물리쳤으나 이일이 이순신에게 죄를 뒤집어 씌워 파직되어 백의종군

1588
시전부락 여진족 정벌의 공으로 백의종군 해제

1589
1월 전라도 조방장으로 임명
11월 선전관 겸직
12월 정읍 현감(종6품)으로 임명

1591
전라좌수사(정3품)로 부임
왜군 침략에 대비해 무기를 정비하고 거북선을 제작

1592
1월 무예 훈련 실시
2월 전선 점검·순시
4월 12일 거북선 포 사격 실시
4월 13일 왜군 침략으로 임진왜란 발발
5월 옥포·합포·적진포 해전 왜선 42척 격파
5월 29일 사천해전 거북선 첫 출전
6월 당포·당항포·율포해전에서 왜선 67척 격파
자헌대부(정2품 하계)로 승진
7월 한산도 대첩에서 학익진 펼침
정헌대부(정2품 상계)로 승진
9월 부산포 해전에서 왜선 100여 척 격파

1593
2~3월 웅포 해전
7월 여수에서 한산도로 이동
8월 한산도 통제영 창설 '삼도수군통제사' 임명

1594
3월 2차 당항포 해전에서 왜선 31척 격파
9월 장문포에서 왜선 2척 분멸
10월 곽재우·김덕령과 수륙 합동작전 개시 2차 장문포 해전

1595-1596
식량 확보 및 수군 안정화

1597
2월 원균의 모함으로 서울로 압송
4월 어머니의 죽음
6월 도원수 권율의 부대에 합류
7월 원균이 이끄는 조선 수군 칠천량 대패
8월 삼도수군통제사 재임명
9월 명량해전 13척으로 왜선 133척과 전투
10월 왜적들이 명량해전의 패배로 이순신의 아산 고향을 불태움
그에 대항하던 이순신의 셋째 아들 전사

1598
2월 고금도로 진영을 옮기고 군비를 강화
7월 명나라 도독 진린과 연합 작전
11월 도요토미 히데요시의 죽음으로 철수하는 왜군을 격파하기 위해 연합군 출격
노량해전 중 적탄을 맞고 전사 (왜선 500여 척과 싸워 200여 척을 격침)

근무지와 직책

1576	12월 함경도 동구비보 권관[1]
1579	2월 훈련원[2] 봉사[3], 10월 충청병사 군관[4]
1580	7월 전라좌수영 발포 만호[5]
1582	5월 훈련원 봉사
1583	7월 함경도 남병사의 군관, 10월 건원보 권관, 11월 훈련원 참군[6]
1586	1월 사복시 주부, 조산보 만호
1587	8월 녹둔도 둔전관, 백의종군
1589	1월 전라관찰사 군관 겸 조방장[7]
1589	11월 선전관[8], 12월 정읍 현감
1591	2월 전라좌도 수군절제사[9]
1592	7월 정헌대부[10]로 승진
1593.8 - 1597.3	삼도수군통제사[11]
1597	8월 삼도수군통제사 재임명

1 **권관** 조선시대 함경도·평안도·경상도의 변경 진보에 두었던 수장. 종9품의 무관직
2 **훈련원** 조선시대 병사의 무재시험, 무예의 강습, 병서의 강습을 맡아보던 관청
3 **봉사** 조선시대 돈녕부와 각 시(寺)·사(司)·원(院)·감(監)·창(倉)·고(庫)·궁에 설치된 종8품 관직
4 **군관** 조선시대 중앙과 지방의 군사기관에 소속되어 군사관계의 일을 맡아본 무관
5 **만호** 외침 방어를 목적으로 설치된 만호부의 관직. 본래 통솔하여 다스리는 민호(民戶)의 수에 따라 만호·천호·백호 등으로 불리다가, 차차 민호의 수와 관계없이 품계와 직책 등으로 변함
6 **참군** 조선시대 정7품의 군직
7 **조방장** 주장(主將)을 도와서 적의 침입을 방어하는 장수
8 **선전관** 선전관청에 속하여 왕의 시위(侍衛)·전령(傳令)·부신(符信)의 출납과 사졸(士卒)의 진퇴를 호령하는 형명(形名)등을 맡아본 무관
9 **수군절제사** 수군을 통솔하던 정3품 무관의 벼슬
10 **정헌대부** 문신 정2품 상계의 품계명
11 **삼도수군통제사** 경상도·전라도·충청도 등 3도의 수군을 지휘·통솔한 삼남지방의 수군 총사령관

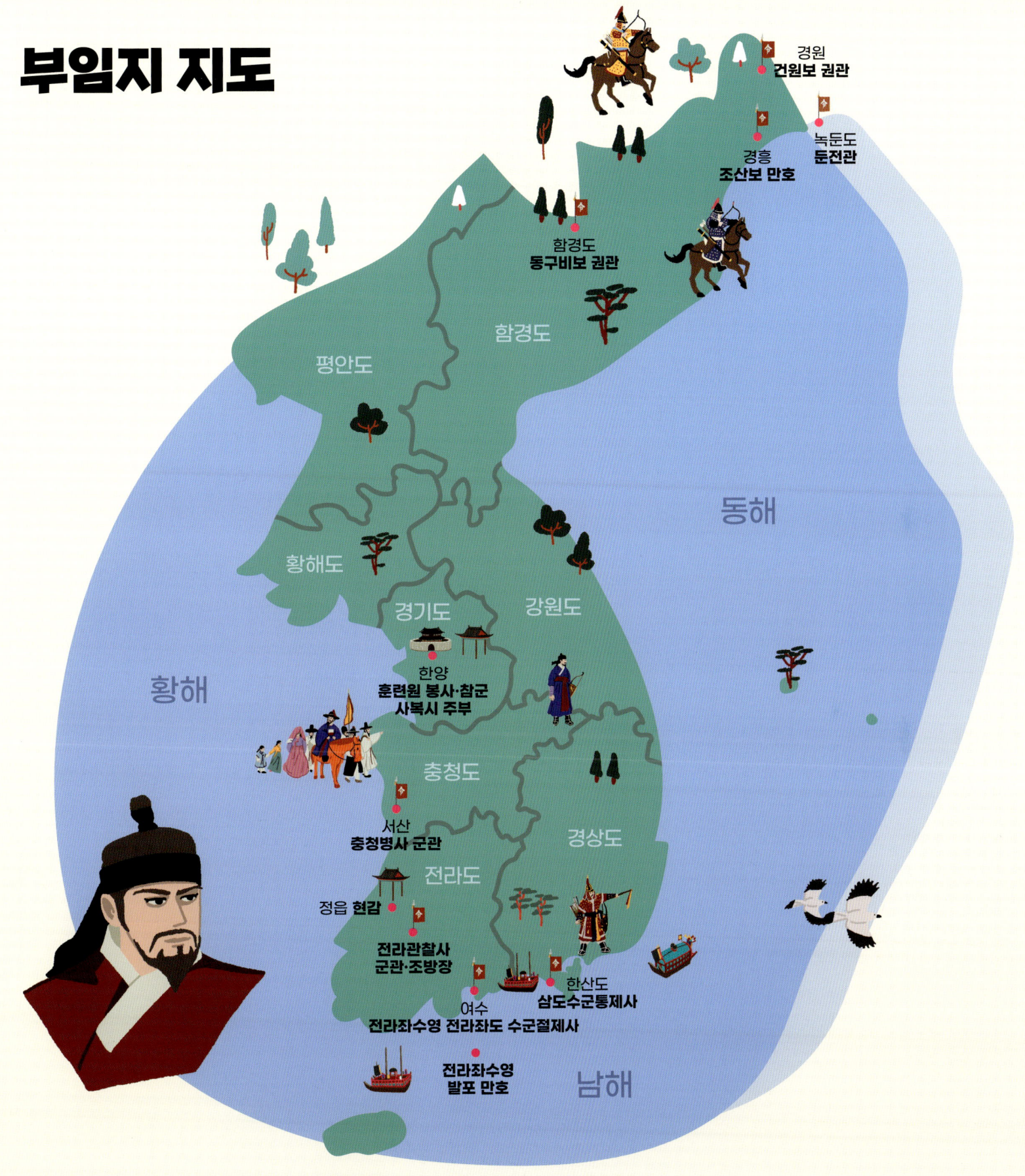

차례

프롤로그 4
이순신의 일생 6
근무지와 직책 8
부임지 지도 9

1장 이순신과 임진왜란

소년 이순신	14
청년 이순신	16
이순신의 관직생활	17
여진족 총사령관을 생포하다	18
녹둔도 전투	19
16세기 말, 임진왜란 직전 동아시아의 상황	20
전쟁의 기운	22
전라 좌수영으로 부임	24
조선군 화포의 위력	28
조선군과 일본군의 주요 기본 무기	30
임진왜란, 지옥 같은 7년 전쟁의 시작	32
한양이 함락되다	34
이순신의 조선 수군 1차 출정	36
옥포해전	38
사천, 당포, 당항포, 율포 해전	40
한산도 대첩	42
부산포 해전	44
이순신 장군의 인간미	48
정유재란 발발. 칠천량 해전	53
폐허에서 다시 일어서다	54
명량대첩	56
노량해전	62
죽어서도 나라를 지킨 성웅	64
임진왜란 후, 조선·일본·명나라의 변화	66

2장 더 알아보기

삼도수군통제영	70
이순신의 주요 함대	72
이순신의 무적 거북선	74
왜군의 주요 함선	76
이순신의 사람들	78
의병장	87
명나라	88
왜군 주요 지휘관	89

에필로그 92
연표 94

이순신과 임진왜란

소년 이순신
청년 이순신
이순신의 관직생활
여진족 총사령관을 생포하다
녹둔도 전투
16세기 말, 임진왜란 직전 동아시아의 상황
전쟁의 기운
전라 좌수영으로 부임
조선군 화포의 위력
조선군과 일본군의 주요 기본 무기
임진왜란, 지옥 같은 7년 전쟁의 시작
한양이 함락되다
이순신의 조선 수군 1차 출정
옥포해전
사천, 당포, 당항포, 율포 해전
한산도 대첩
부산포 해전
이순신 장군의 인간미
정유재란 발발. 칠천량 해전
폐허에서 다시 일어서다
명량대첩
노량해전
죽어서도 나라를 지킨 성웅
임진왜란 후, 조선·일본·명나라의 변화

소년 이순신

골목대장 이순신

어린 시절의 이순신은 활발하고 자유분방한 성격의 소유자였습니다. 이순신이 살던 건천동은 훈련원(군사 관련한 여러 업무를 담당한 관청) 근처였는데, 그 때문인지 그는 친구들과 놀 때 나무를 깎아 화살을 만들어 전쟁놀이를 했고, 항상 리더를 맡으며 전술 전략 짜는 걸 좋아했습니다.

"참외가 먹고 싶어서 참외 밭 주인에게
참외를 달라고 하였으나 주인이 주지 않았습니다.
화가 난 소년 이순신은 말을 타고 와
참외 밭을 쑥대밭으로 만들어 놓았습니다."

이순신의 가족

아버지 이정,
이순신에게 가장 큰 존재였던 어머니 변 씨,
큰형 이희신, 작은형 이요신, 동생 이우신
그리고 누이동생이 이순신의 가족입니다.

청년 이순신

1565
21세에 보성 군수 방진의 딸과 혼인하였습니다. 결혼 후 아내의 집에서 살았고 무인이었던 장인어른 방진에게 무예를 배우며 큰 영향을 받습니다.

상주 방씨   이순신

1566
말타기와 활쏘기를 좋아했습니다. 22세가 되던 해에 무인이 될 것을 결심하고 본격적으로 무예를 배우기 시작했습니다.

1567
첫째 아들 회가 태어났습니다.

1571
둘째 아들 울이 태어났습니다.

1572
28세에 무인 선발 시험에 응시합니다. 불운하게도 시험장에서 달리던 말이 거꾸러지고 말았고 이순신도 말에서 떨어져 왼발을 다치고 실격했습니다. 그러나 부러진 다리에 붕대를 감고 시험을 완수하여 다들 그 모습에 감탄하였다고 합니다.

1576
계속해서 무예를 갈고닦아, 32세에 식년 무과에 급제하였습니다.

1577
셋째 아들 '염'이 태어났습니다.
(후에 '면'으로 개명)

이순신의 관직생활

1581
인사 청탁 거절로 원한을 가지고 있던 서익. 검열관으로 내려와 이순신의 부대를 점검하고는 군기를 제대로 관리하지 않고 있다는 거짓 보고를 올려 이순신을 파직시킵니다.

서익

1582
강등되어 종8품 훈련원 봉사로 재직하게 된 이순신. 류성룡이 율곡이이를 소개해 주려 했으나 이순신은 인사권한을 가지고 있는 같은 성씨의 율곡이이와는 만날 수 없다며 거절합니다.

자네 친척중에 높은 분이 계시는데 한 번 만나보겠나?

류성룡

병조판서 유전이 이순신의 화살통을 탐냈지만, 이순신은 단박에 거절합니다.

병조판서 유전

전라감사 손식

전라감사 손식이 이순신을 불러 병법을 묻습니다. 아는 것이 많고 설명을 잘 하는 이순신을 높이 평가하게 됩니다. 전라좌수사 이용은 이순신의 흠을 찾을 요량으로 잦은 검열을 시도하였으나, 이순신은 늘 완벽한 준비를 하여 흠을 찾기는커녕 도리어 사람들을 감탄하게 했습니다.

저 나무로 나의 거문고를 만들고 싶구나!

전라좌수사 성박

1581
종4품 전라좌수영의 발포 수군만호로 성실히 복무합니다. 이순신의 직속상관인 전라좌수사 성박이 오동나무로 거문고를 만들고자 나무를 베려 하였으나, 이순신은 개인적인 일로 국가재산을 훼손하는 것은 부당하다며 이를 막습니다.

원칙을 중시하던 이순신. 말단 장교로 충실히 복무하던 중, 병조정랑 서익의 부당한 인사청탁을 받았지만 거부합니다.

내가 누군지 아느냐?

1579
성실하고 곧은 신념을 가졌다는 이순신의 소문을 들은 병조판서는 그를 사위로 삼고 싶은 마음에 딸을 소개하려 하였습니다. 그러나 이순신은 권세가 가문에 의지할 수 없다며 거절했습니다.

우리 딸과 만나보겠나?

서익

병조판서

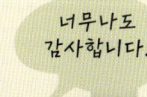

너무나도 감사합니다.

재물에 욕심이 없었던 이순신은 봉급으로 받은 몫을 자신의 근무지 마을 주민들에게 나눠주었습니다.

여진족 총사령관을 생포하다

1583

7월, 함경도 남병사 이용의 군관이 된 이순신. 조선의 최북단인 두만강 지역에서 근무하던 중 침략해온 여진족의 총사령관 울지내를 잡아 공로를 세우게 됩니다. 이에 선조는 큰 상을 내리려 하였으나, 이를 질투한 이순신의 상관인 북병사 김우서가 '이순신이 상관에게 보고하지 않고 독단으로 전투를 수행하였다'고 보고하여, 상이 취소됩니다.

> 아버지가 돌아가시다니...!

> 아버지...

1584

추운 겨울 아버지께서 돌아가셨다는 소식을 듣자마자 이순신은 정말 먼 길을 쉬지 않고 걸어서 장례를 치르러 갔습니다. 일을 그만두고 고향으로 내려와 아버지의 묘소에서 3년 상을 지냈습니다.

녹둔도 전투

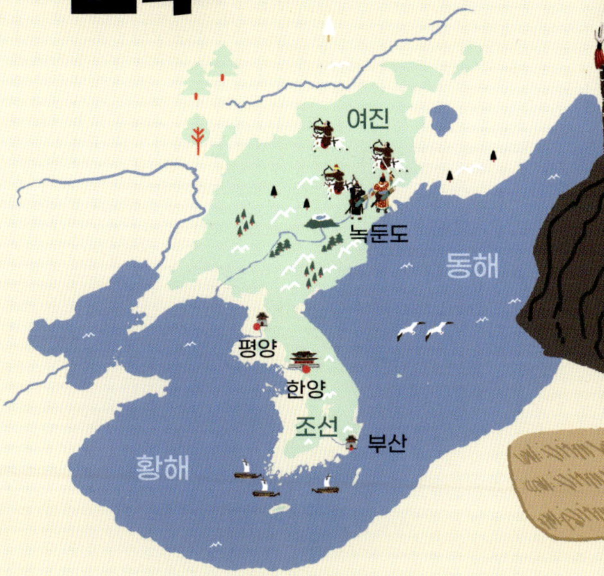

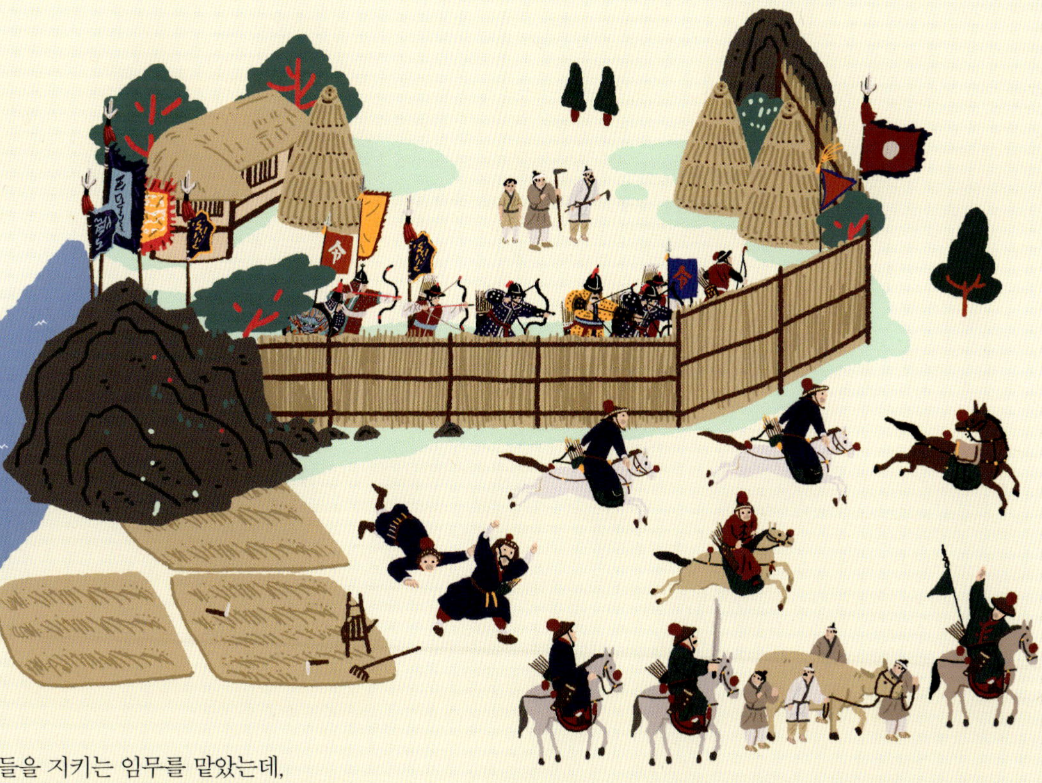

이순신은 북쪽 최전방 녹둔도라는 지역의 백성들을 지키는 임무를 맡았는데, 이때 병력이 턱없이 부족하여 군사를 더 보내줄 것을 중앙에 요청하였습니다. 그러나 조정은 그 청을 들어주지 않았고, 결국 병력이 부족한 상태에서 여진족의 침입을 받게 됩니다. 여진족을 막아내는 것은 역부족이었지만, 다시 작전을 세워 여진족의 침입으로 잡혀간 백성들을 구출해냅니다. 그러나 이순신의 상관이었던 이일은 초기 대응이 미흡했다는 책임을 이순신에게 돌려 조정에 보고합니다. 이에 이순신은 처형당할 것을 두려워하지 않고 판결에 불복합니다. 조정이 첨병 요청을 들어주지 않았는데도 징계하는 것은 옳지 않다 하여 끝내 자기의 정당성을 주장합니다. 결국 중형을 면하기는 하였으나, 백의종군(白衣從軍, 벼슬이 없는 사람으로 군대를 따라 싸움터에 나감을 이르는 말)이라는 억울한 길을 걷게 됩니다. 그 후 1588년, '다시 공을 세워 속죄하라'는 선조의 뜻에 따라 여진족을 토벌하고 우두머리를 생포해 그 공으로 백의종군이 해지됩니다.

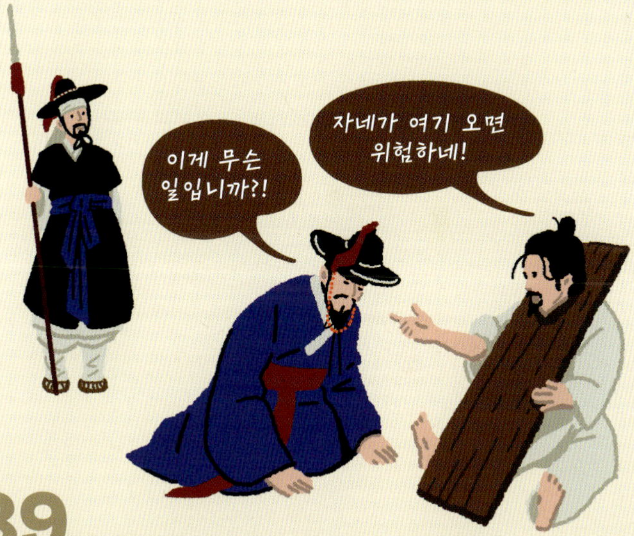

이게 무슨 일입니까?!

자네가 여기 오면 위험하네!

1589

이순신은 빠른 승진을 거듭하며 12월에 정읍 현감이 됩니다. 형의 자식인 조카들까지 온 가족 24명을 데리고 정읍으로 내려갑니다. 자신의 자식들보다 조카들을 더 잘 챙겼고, 조카들 모두를 혼인시킨 후에 이순신 자신의 자녀들의 혼례를 치렀습니다. 이순신을 여러모로 살펴주었던 정언신이 '정여립 모반 사건'으로 인해 억울하게 파면되어 투옥 중일 때 모두들 정언신이 죄가 없다는 걸 알면서도 피했지만, 이순신만은 당당하게 그에게 방문하여 예를 갖췄습니다.

16세기 말, 임진왜란 직전 동아시아의 상황

명
만력제
중국의 황제. 즉위 초기에는 내정 개혁을 추진하여 사회의 발전을 가져왔으나 신하였던 장거정이 죽자 황제의 역할과 정무를 내팽개치고 패망의 길을 걷고 있었습니다.

조선
선조
200년 이상의 긴 평화 속에서 문화 분야는 지속적인 발전을 이뤄왔지만, 조정은 서인과 동인의 정쟁으로 혼란스러웠고, 군사 기강 또한 단단히 확립되지 않았습니다. 병농 일치에 근간한 군사제도가 해이해졌고, 조선의 군대는 북방 방어에 집중되어, 남쪽에는 왜의 해적을 막는 정도의 군대뿐이었습니다.

왜 (일본)
도요토미 히데요시
100년 전국시대의 종지부를 찍은 도요토미 히데요시. 그의 전국 통일로 휘하 다이묘들의 기세는 하늘을 찌르고 있었습니다. 동북아 최대 은 생산으로 포르투갈에서 조총을 대량 수입하며 100년 동안 전쟁으로 다져진 막강한 군사력으로 대륙을 손에 넣으려 합니다.

전쟁의 기운

도요토미 히데요시가 전쟁을 일으키려 한다는 소문이 퍼지고 있었습니다.

조선 조정은 왜의 동태와 도요토미 히데요시를 알아보기 위해 동인 김성일과 서인 황윤길을 파견합니다.

승려 겐소 소요시토시

율곡이이는 나라를 지키기 위해 10만의 군대를 육성해야 한다고 주장합니다.
- 율곡이이의 '10만 양병설'

"왜에 사신을 파견해 주시오."

소요시토시는 조선 임금에게 도요토미 히데요시가 대군을 일으켜 전쟁을 일으키려 함을 알리며 사신을 파견할 것을 청합니다. 그리고 왜군의 신무기인 조총을 임금께 바칩니다.

"이제 천하는 짐의 손안으로 들어오고 있다."
- 도요토미 히데요시

도요토미 히데요시는 조선의 사신들에게 무례하게 대하며 명나라를 쳐들어가기 위한 길을 내어 줄 것을 요구합니다.

조선은
200년 이상 지속된 평화로움 속에서,
전쟁의 소식이 들려오면 백성들이 동요할 것이
걱정되어 전쟁 준비 태세를 갖추지 않았습니다.
하지만 조선 조정이 정말 아무 일도
하지 않은 것은 아니었습니다.

"머지않아 전쟁이 일어날 것입니다."
-서인 황윤길

"전쟁 소문으로 백성을 힘들게 해서는 아니 되옵니다."
-동인 김성일

"도요토미 히데요시는 매우 위험한 자입니다."

"너의 말이 꽤 그럴 듯 하구나."

"도요토미 히데요시는 원숭이같은 놈입니다."

선조

조선의 사신은 명나라 황제 만력제에게
도요토미 히데요시와 일본의 변화가
의심된다는 내용을 알림으로써
명나라 조정이 갖고 있던
조선과 일본이 내통한다는
의심을 사라지게 했습니다.

"왜놈들이 심상치 않습니다."

"왜놈들이 심상치 않으니 성과 무기를 보수하라!"

조선 조정은 점차 왜를 경계하기 시작했습니다.
국경 상황에 밝은 인물들을 두루 뽑아 남부 지방
삼도의 방어를 맡도록 했고, 무기를 준비하고
성과 해자를 축조하도록 했습니다.

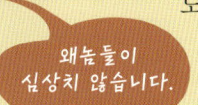

"이 태평한 시대에 성을 쌓다니 무슨 당치 않은 일이오?"

그러나 당시 조선은 너무나도 평화로웠던 까닭에
훈련을 강화하고 성을 보수하라는 명령을 심각하게
받아들이지 않았습니다. 각 고을 수장들은 백성을 굳이
고단하게 할 필요가 있냐며 대충 준비하는 척만 하였습니다.

"군인은 농사를 잘 지어야지!~"

전라 좌수영으로 부임

이순신 장군이 특급 승진합니다. 1589년 정읍 현감으로 있을 때 유성룡에게 추천되어 고사리 첨사로 승진, 이어 절충장군으로 만포 첨사·진도 군수(종4품), 가리 포진 첨사(종3품)를 지내고, 47세가 되던 해에 전라좌수사(정3품)가 되었습니다.

왜군의 침략이 있을 것에 대비하여 이순신은 좌수영(여수)을 근거지로 삼아 전선을 제조하고 군비를 확충했습니다. 더 나아가 군량의 확보를 위해 해도에 둔전을 설치할 것을 조정에 요청하기도 하였습니다. 대부분의 장군들이 전쟁 대비를 하지 않을 때 외롭고 철저한 준비를 하고 있었습니다.

이순신은 모두를 살폈습니다. 아무도 신경 써주지 않던 노비와 하인들에게도 음식과 술을 나눠주었습니다.

"모두 함께 음식들을 나누어 먹도록 하지."

"날씨 맑음!"

이순신은 전라좌수영으로 부임하면서부터 난중일기를 쓰기 시작했습니다. 매일의 날씨와 업무 기록, 개인의 감정 등을 일기로 남겼습니다. 이처럼 개인이 쓴 글이 세계기록유산으로 선정된 것은 유일무이한 일입니다.

"각자 맡은 임무를 충실히 해줘서 고맙네!"

맡은 임무를 성실하게 해낸 군관들에게 이순신은 큰 칭찬을 하고 연회를 베풀었습니다. 그들에게 이순신은 가장 친한 친구였습니다.

"이순신은 능히 나라를 지킬 수 있는 인재이다."
-류성룡

전라좌수영 여수 진남관

매우 좋은 생각이야!

병사들과 전략전술에 대한 토론을 자주 하였는데, 이때 하급 병사부터 고위 장수들까지의 의견을 모두 경청했습니다.

수군에게 가장 중요한 건 활이다. 활쏘기 연습을 게을리하면 안 될 것이야!

시간이 날 때마다 활쏘기를 연습했습니다.

행정과 관리가 허술하여 이웃의 개들에게 피해를 끼친 관리에게는 곤장 80대를 쳤습니다. 업무를 미흡하게 하거나 군율을 어긴 자에게는 정말 무서운 장군이었습니다.

너의 관리 소홀로 이웃과 동물들을 괴롭힌 것은 매우 잘못한 행동이다.

평화로울 때에도 항상 만일의 사태를 대비하여야 한다.

육지에서 적의 침입을 막는 '해자' 구덩이를 매번 살피고 점검하는 이순신

모두가 안일한 생각을 가지고 있을 때 이순신은 일본의 침입을 대비하여 철저한 준비를 합니다.

적들이 우리 해안으로 접근하게 두어서는 안 된다!

1592년 4월 12일, 거북선 포 시험 완료

바다에는 적선이 해안에 들어오지 못하도록 쇠사슬을 설치하고 주변을 항상 정리할 것을 지시했습니다.

이순신은 병사들이 다치지 않고 일본군을 이길 수 있도록 거북선을 제작했습니다.

> 우리에게 연기나 횃불은 중요한 통신 수단이다.

산 정상에 있는 북봉 연대(왜적의 침입을 연기나 횃불로 알리기 위해 최전방에 설치한 시설)를 살피는 이순신. 종일 구경하며 흐뭇해합니다.

다음 날 4월 13일, 임진왜란 발발

판옥선도 왜선보다 갑판을 더 높게
개선하여 근접전을 대비했습니다.

늦은 밤 경치 좋은 곳에서
녹도 만호 정운과 함께 대포 쏘는 것을
구경하곤 했습니다.

조선군 화포의 위력

수철연의환

천자총통
전체 길이 약 139cm
구경 약 11cm

지자총통
전체 길이 약 119cm
구경 약 10cm

현자총통
전체 길이 약 84cm
구경 약 6cm

황자총통
전체 길이 약 76cm
구경 약 4cm

비격진천뢰

대완구

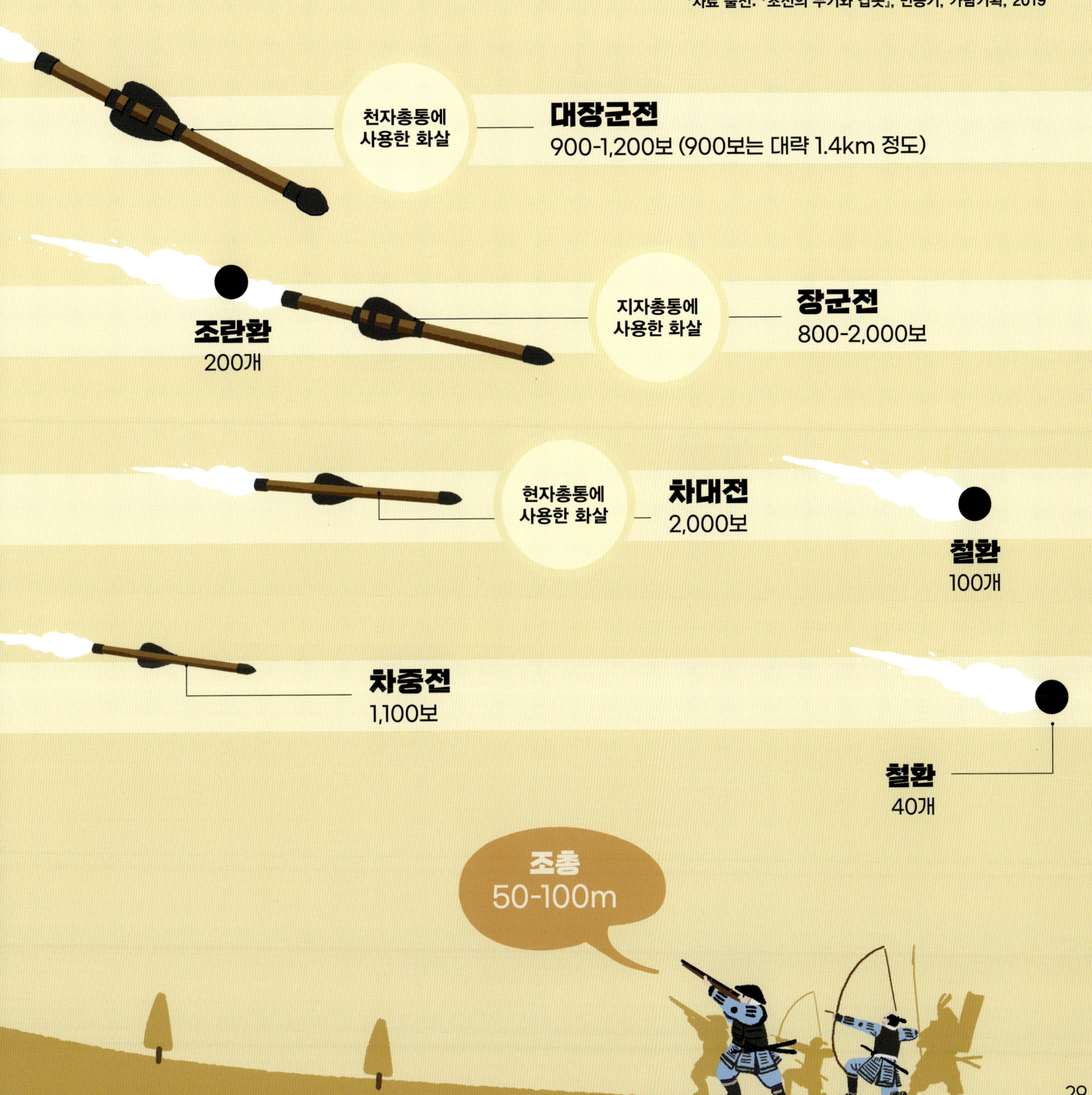

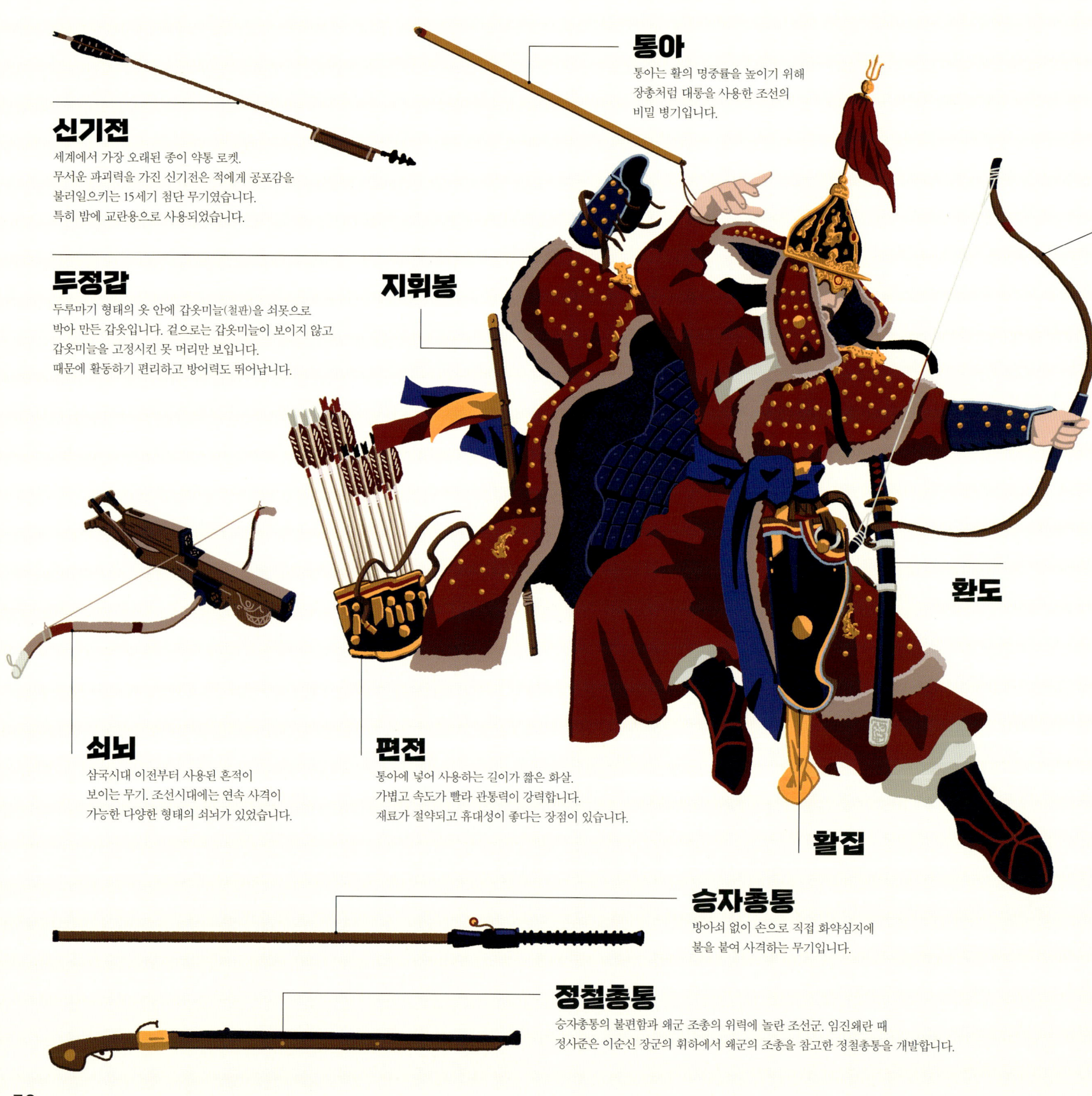

조선군과 일본군의 주요 기본 무기

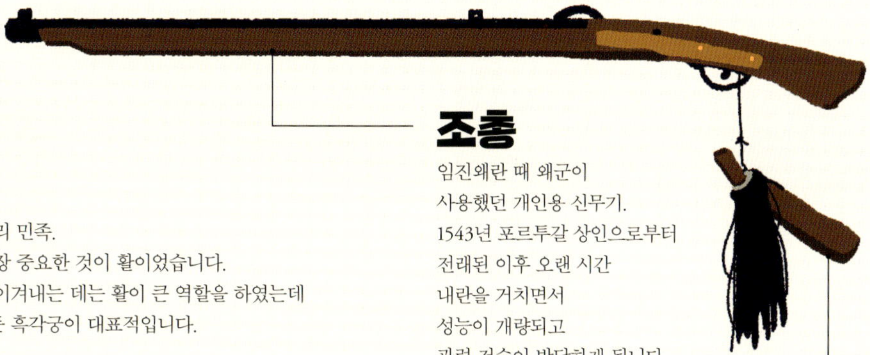

활
전통적으로 활을 잘 쏘는 우리 민족. 조선의 개인용 무기 중 가장 중요한 것이 활이었습니다. 우리 민족이 수많은 외침을 이겨내는 데는 활이 큰 역할을 하였는데 그중에서도 물소의 뿔로 만든 흑각궁이 대표적입니다.

조총
임진왜란 때 왜군이 사용했던 개인용 신무기. 1543년 포르투갈 상인으로부터 전래된 이후 오랜 시간 내란을 거치면서 성능이 개량되고 관련 전술이 발달하게 됩니다. 화승식 소총으로 발사 속도가 빠르고 명중률이 뛰어납니다.

화약통

투구
왜군의 수장들은 각각 자신의 가문을 과시하는 독특한 장식을 통해 권력을 나타냈습니다.

일본도
전통적으로 칼을 이용한 접근전에 능했던 왜군. 해전을 할 때에도 배를 가까이 붙여 적과 몸을 맞붙어 싸움을 하는 백병전에 강했습니다.

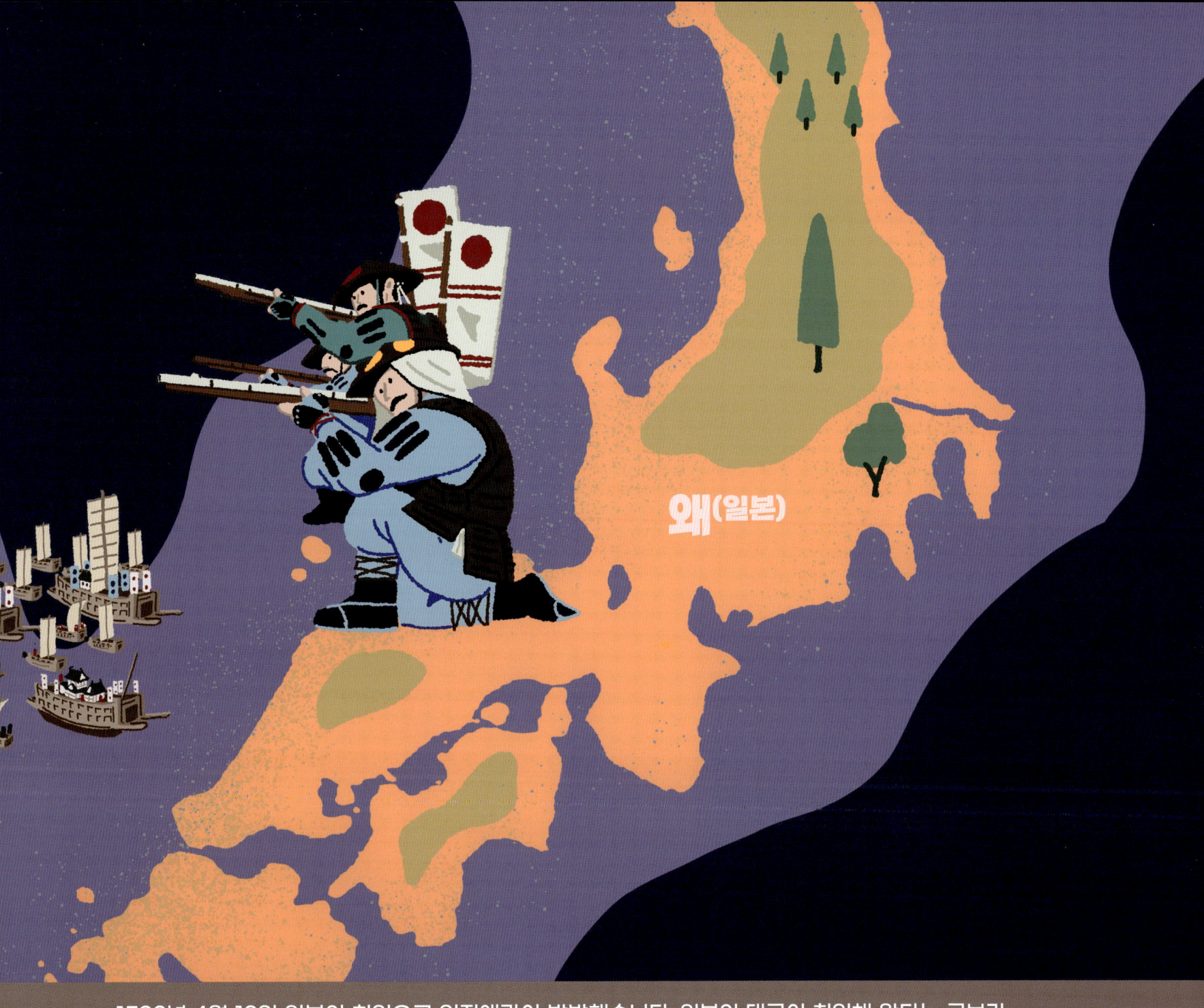

1592년 4월 13일 일본의 침입으로 임진왜란이 발발했습니다. 일본의 대군이 침입해 왔다는 급보가 전라좌수영에 전달된 것은 그로부터 이틀 뒤였습니다. 이날은 국기일(國忌日: 임금이나 왕후의 제삿날)이었으므로 이순신은 공무를 보지 않고 있었는데, 해 질 무렵 경상우수사 원균으로부터 왜선 수백 척이 부산 앞바다에 정박 중이라는 통보에 이어 부산과 동래가 함락되었다는 급보가 들어왔습니다.

원균으로부터 긴급하게 전달받은 편지엔 왜선 90여 척이 부산 앞에 정박했다는 내용이 쓰여있었습니다. 동시에 또 한 편의 편지를 받았는데 왜적 350여 척이 이미 부산포 건너편에 도착했다고 쓰여있었습니다. 이어서 부산과 동래가 함락되었다는 급보가 들어오니, 이순신은 사태의 심각성을 파악하고 전라좌수영의 수군들을 여수 앞바다로 집결시킵니다.

> **만약 기회를 놓치면 후회해도 소용없다.**

이순신은 전라도 수군이기 때문에 전라도 바다의 수비를 포기하고 경상도 바다로 가 왜군을 공격한다는 판단을 하기까지 어려움이 많았습니다. 경상도 바다의 상황을 잘 모르기 때문입니다. 이순신은 병법 원칙에 충실했기 때문에 정보 획득에 매우 치밀하고도 열성적인 노력을 쏟았습니다. 적의 정보가 많지 않고, 조선의 수많은 성이 순식간에 함락된 상황에서 이순신은 만반의 준비를 거듭합니다. 전투 전에는 항상 모두가 모여서 작전 전술회의를 진행했고 이순신은 모두의 의견을 듣고 침착하게 판단했습니다.

35

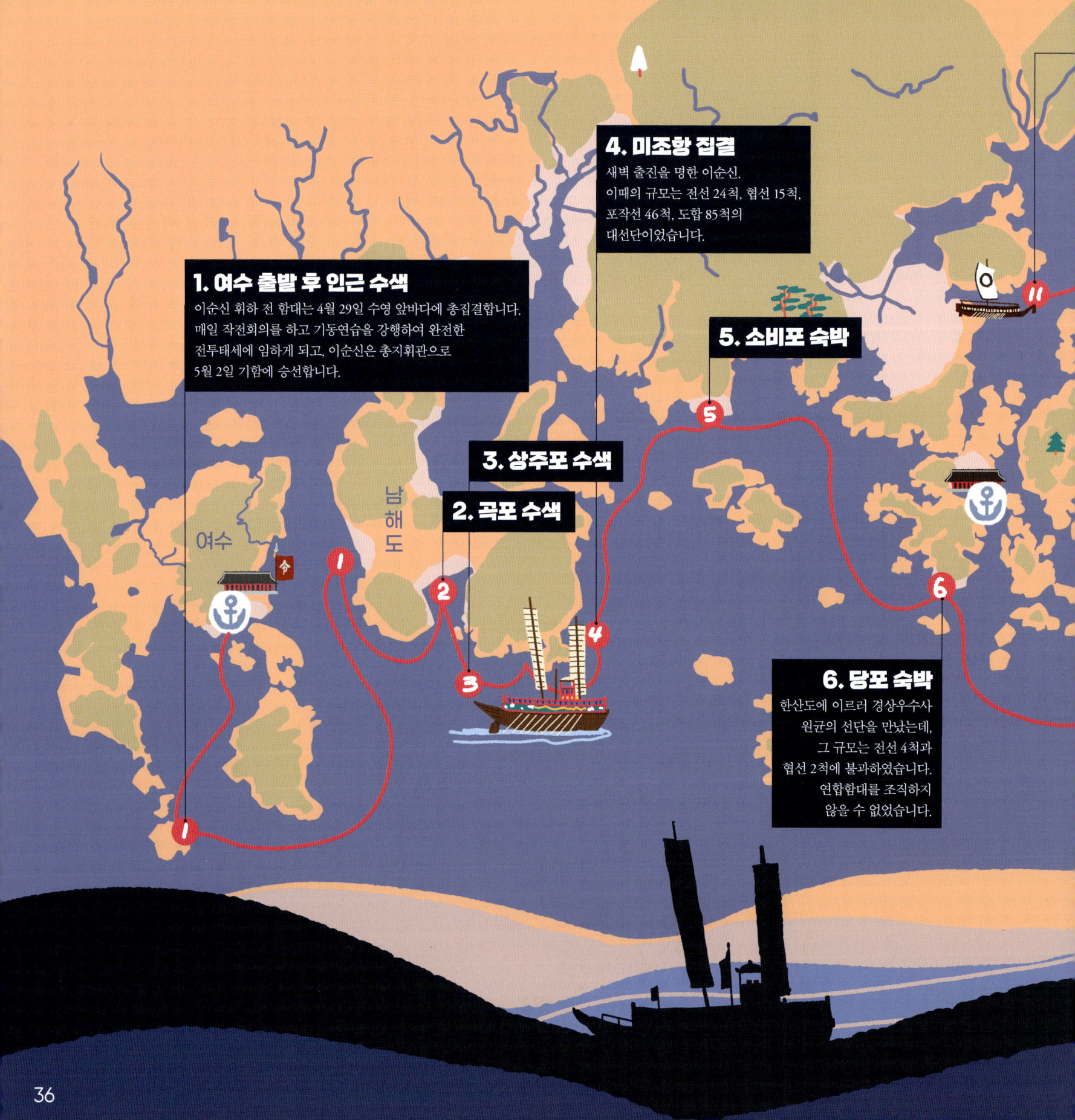

이순신의 조선 수군 1차 출정

전라좌수영, 경상도로의 첫 출전

부산 앞바다의 방어를 맡은 경상좌수영 수군은 왜선단을 공격하지 않았습니다. 심지어 경상좌수사 박홍은 부산이 함락된 뒤에야 예하 장졸을 이끌고 동래 방면에 당도하였으나 동래가 함락되는 것을 보고는 군사를 돌려 육지로 도망합니다. 거제도에 근거를 둔 우수사 원균은 적이 이르기도 전에 싸울 용기를 잃고 접전을 회피했고, 그 바람에 왜군은 조선 수군과 한 번 싸우지도 않고 제해권을 장악하게 됩니다. 이러한 소식을 접한 이순신은 즉시 전선을 정비하고 임전태세를 갖추었고, 적을 공략하기에 앞서 전황을 면밀히 분석합니다.

9.10.11. 도주한 왜선 섬멸

8. 옥포 대첩
왜군은 조선 수군이 해상으로부터 공격해 오리라고는 생각도 못 하고 육지에 올라가서 불을 지르고 약탈을 자행하다가, 아군이 공격받았다는 소식을 듣고 급히 배에 올라 도망하려 하였으나 이순신은 그럴 기회를 주지 않았습니다.

7. 송미포 숙박
이순신은 항상 척후장을 두었습니다(척후장: 높은 돈대에 올라서서 적의 동정을 살피는 장수). 7일 옥포 앞바다를 지날 무렵 척후선으로부터 적선이 있음을 알리는 연락을 받았습니다. 이때 옥포에 정박 중인 적선은 30여 척이었습니다.

조선 수군 1차 출정 - 완벽한 승리
옥포해전

1592년(선조 25) 5월 7일,
옥포(지금의 경상남도 거제시) 앞바다에서 이순신이 지휘하는 조선 수군이
일본 최고의 수군 제독인 도도 다카토라의 함대를 무찌른 해전.
이는 공식적 기록으로 조선이 처음으로 왜군에게 승리를 거둔 전투입니다.
순식간에 왜선 26척이 조선 수군의 포화와 불화살에 격파되었고 많은 왜병이 죽었습니다.
이 싸움은 옥포대첩으로, 이순신 최초의 해전으로 기록되고 있습니다.
그리고 놀랍게도 이 전투에서 조선군의 피해 부상자는 1명이었습니다.

옥포해전은 세계 최초의 집중 폭격 전술을 사용한 전투입니다.
기존의 해전은 배들이 서로 붙어 적의 선박으로 뛰어올라 전투하는
근접 형태였다면, 이순신은 함선들을 일자로 정렬한 후
원거리에서 집중 폭격하는 현대 해군 전투 방식의 형태로
일본군에게 큰 공포와 타격을 주었습니다.
옥포해전은 계속된 패전으로 두려움에 빠진
조선의 군대와 백성들에게 승리의 희망을 보게 합니다.

두려워하지 마라!
우리는 모두 살아서
돌아갈 것이며 백성들도
구할 것이다.

전라좌수사 이순신 / 경상우수사 원균

	조선군	왜군
병력	이순신 휘하: 판옥선 24척, 협선 15척, 포작선 46척(총 85척) 원균 휘하: 전선 4척, 협선 2척	30여 척
함대 피해	없음	26척 격침
인명 피해	부상 1명	수천 명 사망

*출처: 선조실록

조선 수군 2차 출정 - 거북선의 첫 출정!
사천, 당포, 당항포, 율포 해전

전라좌수사
이순신

전라우수사
이억기

경상우수사
원균

일본군은 수군과 육군이 합세해 서쪽을 공략하려고 계획했으나
조선 수군의 2차 출정으로 인해 무산되었습니다. 마침내 조선은 전라도와 충청도,
황해도와 평안도 연안 지방까지 지키게 됨으로써 군량의 조달과 통신체계를 확립할 수 있었습니다.

이는 곧 나라를 회복할 수 있는 기반이 되었습니다.
그리고 왜군은 서해항로 개척에 실패하며 육군과 수군의 합동 작전이 좌절됩니다.

조선 수군 3차 출정
한산도 대첩 (세계 4대 해전)

내가 이순신을 잡아 대일본 최고의 장수임을 증명하려 하였는데, 어찌 우리의 대군이...!

와키자카 야스하루

이순신은 해전에서 연전연승을 거듭합니다.
거제·가덕에 출몰하는 일본 수군을 격멸하기 위하여
전라우수사 이억기에게 작전을 전달하고 연합함대를 조직합니다.
전라 좌·우수 군이 일제히 출동, 노량 해상에서
경상우수사 원균의 전선 7척과도 합세합니다.
이때 일본군은 해전에서의 패배를 만회하기 위하여 병력을 증강한 상황이었습니다.
견내량에는 적장 와키자카 등이 인솔한 많은 선박들이 정박해있었습니다.
이순신은 견내량이 지형이 좁고 활동이 불편하다고 판단하여
전투지로 알맞은 곳을 물색했고, 최종적으로 한산도를 택했습니다.
몇 척의 판옥선으로 일본의 수군을 공격하며
한산도 앞바다로 유인한 뒤, 일제히 학익진을 펼칩니다.

완전한 패배이다.

구키 요시타카

	조선군	왜군
병력	이순신과 원균의 병력 도합 50여 척	70여 척
함대 피해	없음	한산도에서 60여 척 안골포에서 40여 척 격침
인명 피해	사망 19명, 부상 115명(전라좌수군)	사망 9,000여 명 이상

*출처: 선조실록, 선조수정실록

맹렬한 공격을 이기지 못한 적군 수십 척의 함대는 침몰합니다.
이순신은 숨어있던 적선들까지 기다렸다가 모두 섬멸합니다.

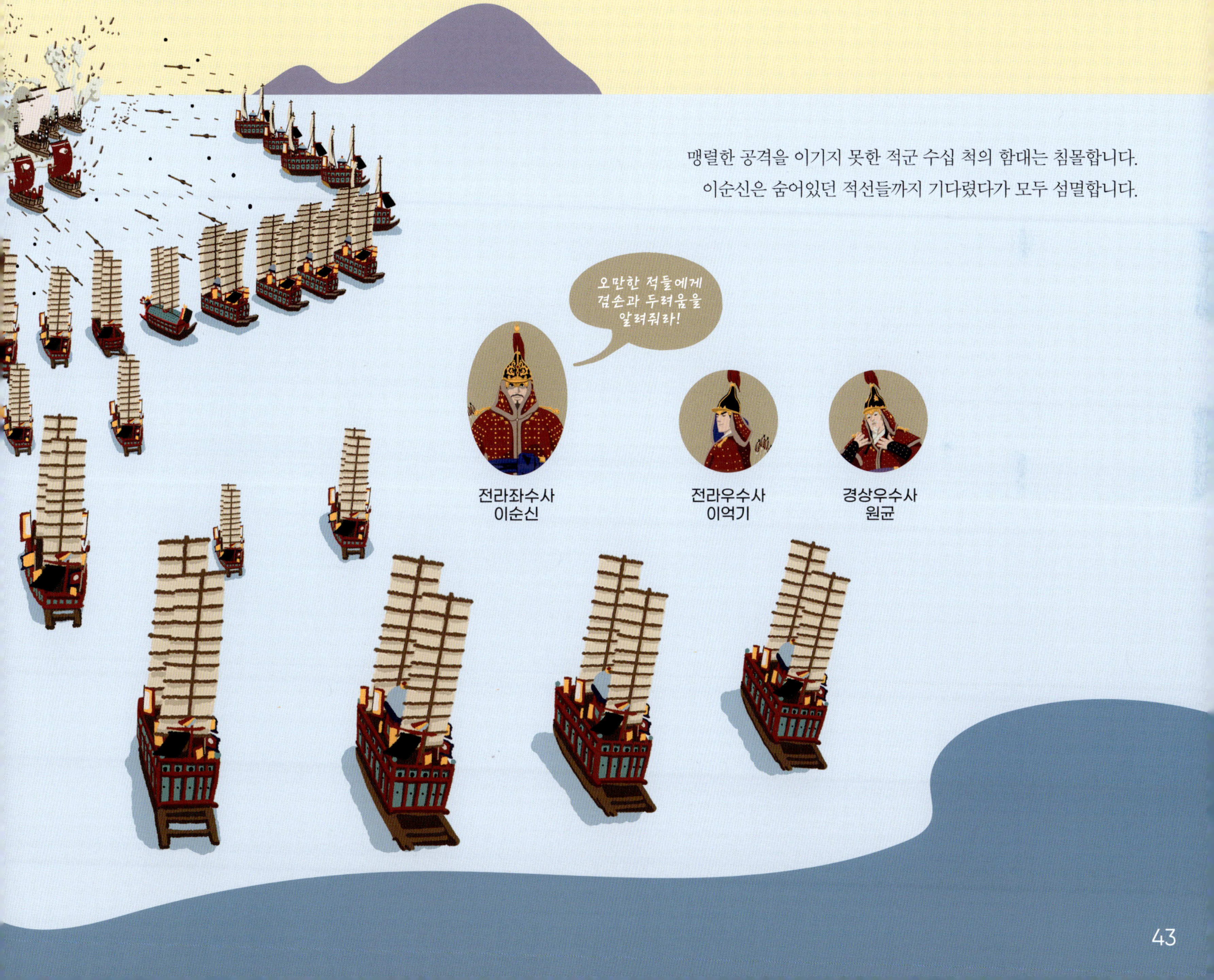

오만한 적들에게 겸손과 두려움을 알려줘라!

전라좌수사 이순신

전라우수사 이억기

경상우수사 원균

조선 수군 4차 출정 - 일본군의 본진을 치다!
부산포 해전

장군, 함께 더 싸우지 못해 미안합니다.

가장 앞에서 적군을 공격하던 정운 장군이 부산포 해전에서 목숨을 잃고 맙니다.

한산도대첩에서 승리한 조선 수군은 일본군의 본진이 있는 부산포를 공격하기로 결단합니다.
전라 좌·우도의 전선 74척, 협선 92척은 8월 24일 좌수영을 떠나 가덕도 근해에서 밤을 지냅니다.
공격 전날은 밤새 원균·이억기와 작전회의를 하며 부산포 공격에 따른 작전을 구상했습니다.

조선 수군이 출정하자 왜의 대선들은 모두 도주해버렸습니다.
절영도에서는 수 척의 적선을 쳐부수었고 척후선을 부산포로 보내어 적정을 탐지하게 한 결과,
왜선 약 500척이 선창 동쪽 산기슭 해안에 줄지어 정박해 있고
대선 4척이 초량 쪽으로 나오고 있다는 정보를 입수했습니다.
적이 부산포를 요새화한 것을 알게 된 여러 장수들은 부산포로 깊이 들어가기를 꺼렸으나,
이순신은 이를 거부하고 독전기를 높이 들고 진격을 재촉했습니다.
정운 등이 선두에 서서 먼저 바다로 나오는 왜군의 대선 4척을 공격하여 불사르니,
뒤에 있던 여러 전선들도 함께 돌진했습니다. 3진으로 나누어져 정박 중인
일본 수군의 대·중·소선 470여 척은 조선 수군의 위용에 눌려 나오지 못하고 있었는데,
조선군이 돌진하며 맹공을 가하자 배의 안과 성 안, 굴속에 있던 왜군은 모두 산으로 올라가
아군에게 총통과 화전을 쏘았습니다. 조선군은 이에 맞서 더욱 맹공을 가하며
종일토록 교전하여 적선 100여 척을 격파합니다.
날이 어두워지자 이순신은 육지로 올라가는 것을 포기하고 전함을 돌립니다.
이 싸움에서 적의 피해는 말할 수 없이 컸으며,
조선군도 30여 명의 사망자를 냈습니다. 특히 녹도만호 정운이 전사하였습니다.
1593년 다시 부산과 웅천의 적 수군을 궤멸, 남해안 일대의 적군을 완전히 소탕합니다.
이순신은 한산도로 진을 옮겨 본영으로 삼고, 최초로 '삼도수군통제사'가 됩니다.

	조선군	왜군
병력	160여 척	470여 척
함대 피해	없음	100여 척 격침
인명 피해	전사자 6명, 부상자 25명	수천 명 사망

남해의 해상로를 지킴으로
왜군의 보급을 차단하고
서해를 넘보는 적들을 막을 수 있었습니다.
이순신은 왜군의 침략에 속수무책으로 당하던
조선을 지키는 결정적인 역할을 하였습니다.

이순신 장군의 인간미

장수의 직책을 지닌 몸이지만 세운 공은 티끌만큼도 보탬이 되지 못하였고,

연전연승에 우쭐하거나 자만하지 않고 계속해서 준비하고 훈련했습니다. 이런 마음을 알고 있는 있는 군졸들도 훈련에 열심히 참여하며 이순신을 따랐습니다.

약탈하고 불태워라!

이순신을 조금이라도 아는 사람이라면 좋아하지 않을 수가 없었습니다.

삼도수군통제사가 사용한 사명기로, 통제사가 수군을 조련하며 함대를 지휘할 때 사용하였다.

이순신 장군 만세!!

군졸들의 가족과 인근 백성들까지 모두 걱정하며 챙겨서 이순신을 믿고 따르지 않는 자가 없었다고 합니다.

연전연승, 무패신화에 연이은 고속 승진으로 최초의 삼도수군통제사가 됩니다.

**입으로는 교서를 외우지만 얼굴에는
군사들에게 부끄러움이 있을 뿐이다.**
『난중일기』

이순신은 군중에서 갑옷을 벗는 일이 결코 없었다고 합니다.

달이 밝은 걸 보아하니 오늘 밤에 왜놈들이 기습해 올 것 같구나.

작은 이익을 보고 들이친다면 큰 이익을 이루지 못할 것이다.

장군! 정말로 적이 나타났습니다.

모두가 휴식하고 있는 어느 날 밤에 이순신은 적들이 기습해 오는 걸 귀신같이 알고 대비하였는데, 이런 일들을 겪은 장수들은 이순신을 귀신 장군이라 불렀습니다.

내 걱정은 말고 부디, 나라의 치욕을 씻어야 한다.

전쟁이 한창이던 때에도 항상 어머니와 가족들을 챙기던 이순신. 어머니께 하직을 고하니, "잘 가거라. 부디 나라의 치욕을 크게 씻어야 한다"라고 두세 번 타이르시고 조금도 헤어지는 심정으로 탄식하지 않으셨습니다.

49

경상우수사 원균

"저는 나아가서 싸우고 싶으나, 이순신이 출정을 미루고 있습니다."

선조 대왕

"이순신이 내 말을 우습게 아는구나!"

1597년 명·일 강화회담이 결렬되자,
본국으로 건너갔던 왜군이 다시 침입하여 정유재란이 발발합니다.
이때 원균의 모함과 왜군의 모략으로 이순신은 옥에 갇히는 몸이 됩니다.
오로지 나라만을 생각하고 걱정하던 이순신이 누명을 쓴 것입니다.

해전에서 혁혁한 공을 세워 나라를 위기에서 구하였지만,
그러한 공로도 아랑곳없이 한 달여 동안 혹독한 조사를 받습니다.
남을 끌어들이거나 헐뜯는 말 한마디도 없이 자초지종을 낱낱이 고한 이순신.
고문으로 몸이 쇠약해지자 우의정 정탁의 적극적인 변호로 인해
추가적인 조사를 받지 않게 됩니다.

"순신아…"

옥중에 있는 이순신을 걱정한 어머니는
이순신을 보기 위해 먼 길을 찾아오다가
쓰러지고 맙니다.

정유재란 발발, 칠천량 해전

1597년, 정유재란. 조정의 무리한 출전 명령으로 원균이 지휘하는 조선 수군이 칠천량에서 일본 수군과 벌인 해전.
임진왜란·정유재란 가운데 조선 수군이 유일하게 패배한 전투입니다. 이순신이 피땀 흘려 만들어온
조선 수군 판옥선과 거북선이 침몰하며 대다수 장군과 병사가 전사합니다.

총사령관
권율 장군

"원균아 하루빨리 왜군을 섬멸하라."

삼도수군통제사
원균

"싸울 수도 도망갈 수도 없구나..."

VS

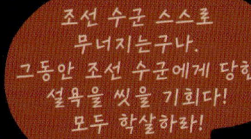
가토 기요마사

전라우수사
이억기

"너무나도 원통하다. 이순신 통제공만 계셨더라면..."

와키자카 야스하루

도도 다카토라

충청수사
최호

조선 수군이 대패한 전투

시마즈 요시히로

폐허에서 다시 일어서다 (시련의 길)

7월 삼도수군통제사 원균이 적의 유인전술에 빠져 거제 칠천량에서 전멸에 가까운 패배를 당했고, 이 때문에 이순신이 힘써 길러온 무적함대와 엄청난 위용을 자랑하던 한산도의 군비는 그 형체를 알아볼 수 없게 되었습니다. 이 소식을 들은 이순신은 "우리가 믿은 것은 오직 수군인데 그같이 되었으니 다시 희망을 걸 수 없게 되었구나"라며 통곡했습니다. 다시 돌아온 왜군은 전보다 더욱 잔혹해져 무고한 백성까지 모두 살육하기 시작했습니다.

이순신은 도원수 권율의 막하로 들어가 두 번째 백의종군을 하게 됩니다. 남해안으로 향하던 중 어머니의 부고를 받고 "세상 천지에 나 같은 일을 겪는 사람도 있을까. 일찍이 죽는 것만 같지 못하다"라고 한탄했습니다.

칠천량에서 원균이 지휘했던 조선 수군 전멸에 선조는 이순신을 통제사에 재임용합니다. 이순신은 군관 한 명만 대동하고 적들이 곳곳에 출몰하는 경상도에서 전라도로 밤낮을 가리지 않고 험준한 산길을 지나 진도에 도착합니다.

명량대첩
13 vs 133

필사즉생, 필생즉사
: 죽기로 싸우면 반드시 살고, 살려고 비겁하면 반드시 죽는다

이순신은 얼마 남지 않은 조선 수군 장병들에게 필승의 신념을 일깨운 다음,
9월 15일 13척(일설에 12척)의 전선과 빈약한 병력을 거느리고 명량에서 왜군과 대치합니다.
아무도 조선의 승리를 생각하지 못한 상황에서 이순신 장군은 불가능을 가능하게 만드는데,
그것은 바로 133척의 적군을 13척으로 부수는 큰 전과를 올린 것입니다.
이순신 대장군 배 1척으로 적을 몇 시간가량 막았다는 이야기도 있습니다.
이 전투는 다시 통제사로 부임한 뒤의 최초의 대첩이며
수군을 재기하는 데 결정적인 구실을 한
싸움이었습니다.

능히 길목에서 한 명이 천 명을 막아낼 수 있으니 우리도 그러할 수 있다. 그러니 이길 수 있음을 믿어라!

이순신 장군

	조선군	왜군
병력	판옥선 13척	133척
함대 피해	없음	31척 분멸
인명 피해	다수 사망	

필생즉사! 필사즉생!

죽고자 하면 살 것이요,
살고자 하면 죽을 것이다!
너희 여러 장수들이 조금이라도
명령을 어김이 있다면,
즉시 군율을 적용하여
조금도 용서하지 않을 것이다.

작은 규모의 군대였지만 좌절하지 않았고,
조정의 만류에도 불구하고 수전에서 적을 맞아
싸울 것을 결심하였습니다.
명량에서 13척의 전선으로 133척과 싸워 우리의 바다를 다시 찾습니다.
그러나 많은 사람들과 병사들이 모여들어 군량이 부족한 상태였습니다.
바다를 통행하는 배에 해로 통행첩을 만들고 보호해 주는 대신
쌀을 받았습니다. 이에 불평하는 백성은 없었습니다.

조정의 지원이 끊긴 상태에서 고금도로 진영을 옮기고,
백성들을 모집하여 널리 둔전을 경작시키고
어염도 판매하였습니다.

고문으로 인한 후유증과 사랑하는 어머니, 아들, 동료를 잃은 슬픔에
너무나도 고통스러워하는 이순신 장군...

슬픔이 얼마나 컸던지 그들이 자꾸 꿈에 나오고,

매일 밤 식은땀을 흘리며 잠을 이루지 못합니다.

그럴 때마다 이순신 장군은 괴로움에 울부짖었습니다.

이순신 장군이 돌아왔다는 소식에 장병들이 다시 모여들고 난민들도 줄을 이어 돌아와서
수만 가를 이루게 되었으며, 수군의 위용도 예전 한산도 시절에 비하여 10배를 능가하게 됩니다.
조정의 지원이 하나도 없는 상황에서 단시일에 제해권을 회복하고 수군 재기에 성공할 수 있었던 것은
순전히 이순신의 개인적 능력에 의한 것이었습니다.

성격이 포악하고 병사들을 때리기로 유명한 명나라 수군 도독 진린이 남해 고금도로 내려와 이순신과 합세합니다.
당시 명나라는 조선을 도와준다는 명목으로 조선의 백성과 신하들을 괴롭히고 착취했습니다. 때문에 조선의 조정 대신들은
성격이 매우 강한 이순신 장군과 포악한 명나라 진린 도독이 함께 할 수 있을까 하는 걱정에 밤낮으로 고민을 합니다.
걱정과는 달리, 진린이 내려온다는 소식을 들은 이순신은 병사들을 동원해 사슴, 멧돼지, 생선을 잡아 큰 잔치를 준비해 둡니다.
진린은 성대한 맞이에 아주 흡족해합니다.

이순신 장군은 조선 수군의 작전 능력을 명나라 진린 도독 앞에서 멋지게 보여줍니다.
사실 이순신 장군의 수군으로 충분하게 왜적을 막아왔기 때문에 명나라 수군은 크게 할 역할이 없었습니다.
때문에 진린은 명나라 황제에게 자신의 성과에 대해 보고 할 것이 없었는데, 1598년 7월 절이도 해전에서
이순신 장군은 송여종이 포획해온 적선 6척과 적군 머리 69급을 명나라 수군 도독인 진린에게 보내어
명나라 장군의 위상을 세워줍니다. 명나라 군대가 조선의 병사들과 백성들을 괴롭히고 혼내는 경우가 많았는데
이순신은 진린과 합의하여 명나라와 우리 군사를 구별하지 않고 누구든 잘못을 저지르면 같은 처벌을 하기로 합니다.

명나라 수군의 병력은 많았지만, 함선은 조선의 판옥선에 비해 전투함으로의 크기도 작고 성능도 뒤떨어져 있었습니다.
이순신 장군은 노량해전 전에 함께 싸워줄 명나라 수군 도독 진린과 등자룡 장군에게 판옥선 2척을 선물합니다.
이에 진린과 등자룡은 매우 기뻐하며 선물로 받은 판옥선을 대장선으로 사용합니다.
이후 진린은 자신보다 나이가 어리고 신분이 낮은 이순신 장군의 능력과 성품에 진심으로 존경하여
모든 일을 상의하고 협의하게 됩니다. 또한 이순신 장군이 길을 가면 절대 앞서지 않고
뒤에서 따라가며, 명나라 황제와 선조에게도 이순신 장군의 칭찬을 아끼지 않았다고 합니다.

이순신 장군께서
하시는 모든 일을 따르고
지원하겠네!

노량해전

본국으로 철수하는 일본군을 끝까지 쫓아가 최후의 결전을 벌이는 이순신

1598년 8월 18일 도요토미 히데요시가 세상을 떠나면서 왜군은 철수를 시작합니다. 이에 이순신 장군은 왜군이 다시는 우리 땅을 노리지 못하도록 최후의 결전을 준비합니다.
1598년 11월 19일 새벽 이순신 장군은 노량에서 퇴각하기 위하여 집결한 500척의 적선을 발견하고, 명나라 수군제독 진린과 공격에 나섭니다. 조·명 연합 함대 약 500여 척과 왜군 함대 500여 척이 맞붙는 대규모 전투였습니다. 이순신 장군은 함대를 이끌고 도망가는 적선을 향하여 맹공을 가하였고, 이것을 감당할 수 없었던 일본군은 많은 사상자를 내고, 배 200여 척을 잃은 채로 섬이나 먼바다로 도주합니다. 섬으로 도망간 왜군들은 조·명 연합군에 의해 모두 처형되었습니다.

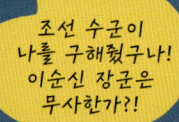

수군제독 진린

"조선 수군이 나를 구해줬구나! 이순신 장군은 무사한가?!"

이순신은 연합군 명나라 수군 제독 진린을 구하기 위해 적진에 깊숙하게 침투해서 전군을 지휘하다가 애통하게도 적의 총에 맞고 말았습니다.
그는 죽는 순간까지도 "싸움이 급하니 내가 죽었다는 말을 삼가라"라며 나라를 생각했습니다.

	조·명 연합군	왜군
병력	1만 5천 명	500여 척, 1만 2천 명
함대 피해	4척	200여 척 침몰
인명 피해	이순신 외 다수 장군 전사	수천 명 사상

*출처: 난중일기, 선조실록, 징비록

죽어서도 나라를 지킨 성웅

군사들은 통제사가 죽은 사실을 모른 채로

기운을 내어 분전하여 물러나는 왜군을 대파했습니다.

전투가 끝나고 이순신 장군의 죽음이 알려지자

모든 군사들이 엎드려 통곡하니 바다가 울릴 정도였습니다.

그러고는 "죽은 이순신이 산 왜군을 물리쳤다"라고 외쳤습니다.

명나라 군사들까지도 이순신이 죽었다는 소식을 듣고

마치 자기 부모가 세상을 떠난 듯 슬퍼했습니다.

영구(장례) 행렬이 지나는 곳에서는
모든 백성이 길가에 나와 제사를 지내면서 울부짖었고
영구를 붙들고 슬퍼하니 길이 막혀
행렬은 더 이상 나아가지 못할 지경이었습니다.
오랫동안 이순신을 보아온 류성룡은
징비록에서 '그의 사람됨은 말과 웃음이 적었고,
용모가 단아하고 수려하여 근엄한 선비와 같았다.

그러나 그의 가슴속에는 담기가 있어
몸을 잊고 싸우다가 순국하였으니,
이는 평소부터 그의 정신 속에 쌓여온
수양의 결정이다'라고 기록했습니다.

임진왜란 후,
조선·일본·명나라의 변화

청
누르하치(천명제)
오랜 시간 중국으로부터 오랑캐라고 경시되던 여진족을 통일하며 후금을 건국. 중국 본토의 주인이던 명나라(한족)를 몰아내고 아시아 대륙을 아우르는 강력한 통치 국가인 대제국 청나라의 기틀을 다지고 있었습니다.

명
만력제
임진왜란으로 국력이 쇠퇴한 틈을 타 누르하치가 세운 후금이 청나라를 건국하며 명나라를 몰아냅니다. 명나라는 점점 사라집니다.

조선
광해군
7년 전쟁에서 승리하고 왜적들을 몰아내는데 성공하지만, 온 나라는 폐허가 되었고 인구마저 반 토막으로 줄어들고 맙니다. 수많은 사람들이 죽거나 일본에 잡혀갔기 때문입니다. 그뿐만 아니라 경복궁, 불국사 등이 불에 탔으며 수많은 문화재를 일본에 빼앗겼습니다. 도자기 기술자와 성리학자들이 일본에 납치되어 갔는데, 이들은 이후 일본 문화 발전에 큰 기여를 하게 됩니다. 선조 이후 광해군이 즉위하면서 대동법 시행 및 중립외교를 하며 궁궐을 보수하고 다시 일어서려 하지만 그 노력도 얼마 가지 못합니다.

일본
도쿠가와 이에야스
도요토미 히데요시 사망 이후 1600년 세키가하라 전투에서 동군을 지휘하였으며, 승전 이후 에도 막부를 개창하여 첫 쇼군이 되었습니다. 무역과 외교정책을 중시한 에도 막부는 조선과의 관계를 회복하기 위해 포로를 교환하였으며 조선통신사 파견을 요청합니다. 이후 무역이 다시 재개됩니다. 네덜란드, 영국 등과 적극적으로 무역을 추진하고 동남아시아 나라와도 사무역이 이루어집니다.

더 알아보기

삼도수군통제영
이순신의 주요 함대
이순신의 무적 거북선
왜군의 주요 함선
이순신의 사람들
의병장
명나라
왜군 주요 지휘관

삼도수군통제영

舘兵洸 세병관
'은하수를 길어다가 병기를 씻는다'라는 뜻. 평화를 기원함과 동시에 전쟁에 대비함.

선자방
임금이 하사하는 부채를 제작 진상하던 공방.

12공방
입자방 통영갓으로 유명한 흑립, 삿갓, 벙거지, 패랭이 등을 제작하는 공방
총방 말총을 엮어 망간, 탕건, 유건 등을 만드는 공방
상자방 버들가지나 대오리를 엮어 대발을 만드는 염장 공방
소목방 각종 나무로 가구 및 문방구 등을 만들던 공방
주석방 주석, 백동 등으로 각종 장석*등을 만들던 공방
은방 금, 은을 세공하여 각종 장신구 제품을 만들던 공방
패부방 자개를 붙여 나전 제품을 만드는 공방

*목가구 등에 부착하는 금속

야장방
쇠를 녹여 화살촉, 칼 등 병기를 주조하던 곳.

결승당

응수헌
영빈관으로 정조 3년(1779년)에 건립.

중영청
통제사 참모장의 군영.

망일루
광해군 3년(1611년)에 세워졌으며 영조 때 다시 고쳤으나 일제강점기에 다른 건물들과 함께 훼손됨.

수항루
임진왜란 승전을 기념하기 위해 숙종 3년(1677년)에 건립.

삼도수군통제영은 경상도·전라도·충청도 3도의 수군을 지휘하던 본영입니다. 최초의 통제영은 임진왜란 당시 초대 통제사로 제수된 이순신 장군의 한산 진영입니다. 선조 37년(1604) 이경준 제6대 통제사가 두룡포에 통제영을 이설(다른 곳으로 옮기어 설치함) 하면서부터 통영에서의 지휘가 시작됩니다. 1605년 세병관을 비롯하여 군영 관아 등을 창건하고 조선시대 유일한 계획 군사도시로 출발하게 됩니다.

주전소
조선시대 화폐인 상평통보를 만들던 곳.

경무당
통제사의 작은 집무실. 이충무공의 뜻을 크게 우러러본다는 뜻을 가짐.

운주당
통제사가 통제영 군무를 보는 집무실.

병고
군포를 보관하던 곳.

좌청
군관과 사병이 대기하던 건물.

이순신의 주요 함대

협선
대형 판옥선의 부속선으로 활용하며 주로 전투선들 간의 화약 및 각종 물자를 나르는데 사용되었습니다. 이순신은 이 작은 배를 개조하여 주로 척후(적의 형편이나 지형을 정찰하고 탐색함) 활동을 하며 특수 임무를 띤 전투선으로 활용하였다고 합니다.

사후선* 승선 인원 : 5명
노꾼 4명
타공(조타수) 1명

보급선 승선 인원 : 17명
노꾼 14명
포수 2명
타공(조타수) 1명

*
본진보다 앞서가서 적의 동태를 살펴 알리는 배.

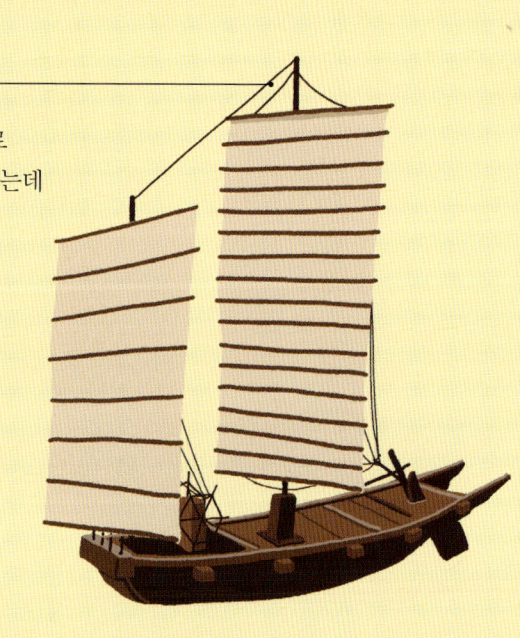

판옥선
판옥선은 왜군의 주력 함선인 세키부네보다 더 크고 튼튼하며, 적군이 올라타지 못하도록 한 층 더 높게 제작되었습니다.

세키부네

"조총 따위로 판옥선을 뚫을 수는 없다!"

일본 군함과의 비교 〉〉〉

판옥선

조선 수군의 주력 함선으로 바닥 부분이 평평하여 안정감이 높고 방향 전환이 편리합니다.
이중 돛으로 역풍에도 전진이 가능하며 소나무로 제작, 나무 못을 사용하여 왜군의 군선보다 더 튼튼하고 견고합니다.
이순신은 조선 수군의 장점을 최대한 살려 사정거리 1km 이상의 화포로 원거리에서 적선을 침몰시켰고,
근거리에서는 활을 쏘아 적군을 완벽히 무력화하는 전술을 구사했습니다. 때문에 이순신 장군이 이끌었던
수많은 전투에서 조선 수군의 피해가 매우 적었습니다. 반면 근접전에 강한 왜군은 유효 사정거리
50m 정도의 조총과 칼, 창 등으로 무장했기 때문에 판옥선에 가까이 가지 못한다면 무조건 당할 수밖에 없었습니다.

판옥선 승선 인원 : 약 160-200명
지휘관 1명
부관 1명
노꾼 100-120명
포수 24-26명
화포장 10-14명
사수 18-22명
타공(조타수) 등 12명

U 자형 바닥(평저선)

선체가 U자형이라서
안정감이 있고 방향 전환이 뛰어납니다.
2개의 돛으로 역풍에도 전진이 가능하고
암초가 많은 서해, 남해에서도
작전 활동이 용이합니다.

V 자형 바닥(협저선)

물의 저항을 적게 받아
속력이 빠릅니다.
장거리 항해에는 유리하나,
암초가 많은 연안에서의
항해 및 빠른 방향 전환이
어렵습니다.

판옥선　　　　**왜의 군함**

이순신의 무적 거북선

고려 말 왜적을 격퇴하기 위해 제작된 것으로 알려져 있으며, 이순신이 건조한 귀선은 세계 최초 돌격용 철갑선으로 평가됩니다. 이순신은 나대용과 함께 수군을 보호하면서도 화약과 화포의 위력을 최대한 활용할 수 있는 무적의 거북선을 만들었습니다. 놀랍게도 임진왜란이 일어나기 하루 전에 이순신 장군은 거북선 개발과 출격 준비를 완료했습니다. 거북선은 통제영귀선, 전라좌수영귀선 등 3척이 확인되며 1595년 명나라로 보낸 외교문서에는 '한산도에 5척이 있다'고 기록되어 있습니다. 기록에 따르면, 임진왜란 이후에도 약 200년간 계속해서 거북선을 만들었고, 1770년 영조 때는 40척까지 늘었다고 합니다. 하지만 거북선 모습과 구조에 대한 정확한 기록이 남아있지 않아 현재까지도 학자들이 연구하고 있습니다.

거북선 승선 인원 : 약 150-160명
- **돌격장** 1명
- **노꾼** 90-100명
- **포수** 24명
- **화포장** 8명
- **사수** 14명
- **타공(조타수) 등** 12명

제 2 돛대
전투 중에는 두 개의 돛대를 뒤로 눕혀 돛대를 보호.

쌍엽미

거북선은 최강의 함선입니다.
-나대용

조리실
거북선 내 수군의 끼니를 해결하는 곳.

키
거북선의 방향을 2명 정도의 선원이 조절.

화장실

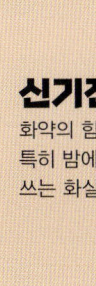

신기전
화약의 힘으로 날아가며 특히 밤에 교란용으로 쓰는 화살.

장대
거북선의 돌격장이 작전을 지시하는 지휘 공간.

제 1 돛대

총통 점화 화로
총통(화포)의 심지에 불을 쉽게 붙일 수 있도록 화포 주변에 배치.

갑판 철침(쇠 못)
적군이 배 위로 올라타지 못하도록 철침을 설치.

화포장 및 포수
32명

사수
화살수 14명

용두
적군을 벌벌 떨게 할 무시무시한 거북선의 상징인 용머리. 화포를 쏘거나 불을 뿜었을 것이라고 추정함.

지자총통
조선 수군의 주력 화포.

닻
거북선이 바다 위에 머물러 있거나 정박할 때 사용하는 도구.

노
배를 앞뒤로 움직이거나 제자리에서 회전하는 것이 가능.

격군
90-100명의 노를 젓는 노꾼들.

창고
무기와 화약 등을 보관했을 것으로 추정.

왜군의 주요 함선

고바야부네

가장 작은 배. 민첩한 항해가 가능합니다.
주로 연락선 또는 척후선으로
사용되었습니다.

세키부네

왜군의 대표적인 전선. 임진왜란 당시 주력 전투용으로 활약한 배입니다. 판옥선보다는 높이가 낮고 크기가 작습니다. 함선 아랫부분이 V자형이라서 속도가 빠르고 장거리 항해에 유리하지만 암초가 많은 연안에서의 항해와 방향 전환이 어렵습니다. 또한, 삼나무로 제작되어 내구성이 약합니다. 빠르게 노략질을 하기 위한 해적용 함선으로 제작되었기 때문에 튼튼하고 방어력이 높은 조선의 판옥선에 비해 가볍고 약한 것입니다. 따라서 무거운 화포를 실을 수가 없었고 측면은 천막이나 대나무를 둘러싸 목재로 보호되지 않는 함선이 많았습니다.

안택선(안타케부네)

왜군의 대형 함선. 배 위에 집을 올렸다는 의미로 '안택선'이라는 이름을 가지게 되었습니다. 왜군의 지휘선으로 사용되었고, 판옥선과 비슷한 크기로 다이묘들의 권력과 위상을 나타내는 깃발과 장식이 화려합니다. 노꾼만 50-200명 정도이며 함선의 크기에 따라 전투원 또한 90-200명 정도가 탑승했다고 합니다. 왜군의 함선은 판옥선과 다르게 대포 대신 조총병을 배치했기 때문에 더 많은 전투원이 승선 가능했습니다. 16세기 이후에는 더 크고 화려한 안택선이 등장합니다.

이순신의 사람들

- 첫째 아들 이회
- 어머니 변씨
- 경상우수사 원균
- 영의정 류성룡 — 멘토, 존경·믿음
- 정걸 장군 — 존경·신뢰
- 녹도만호 정운 — 믿음·충성, 의지·협력
- 율곡 이이 — 친척 관계
- 배흥립 — 절대적 신뢰 관계
- 이언량
- 이봉수
- 류형
- 제만춘
- 정사준
- 김완
- 송희립 — 의지·신뢰, 존경·믿음
- 어영담
- 이순신
- 권준
- 나대용
- 전라 우수사 이억기

조선 수군
이순신 장군 휘하 핵심 지휘관과 참모

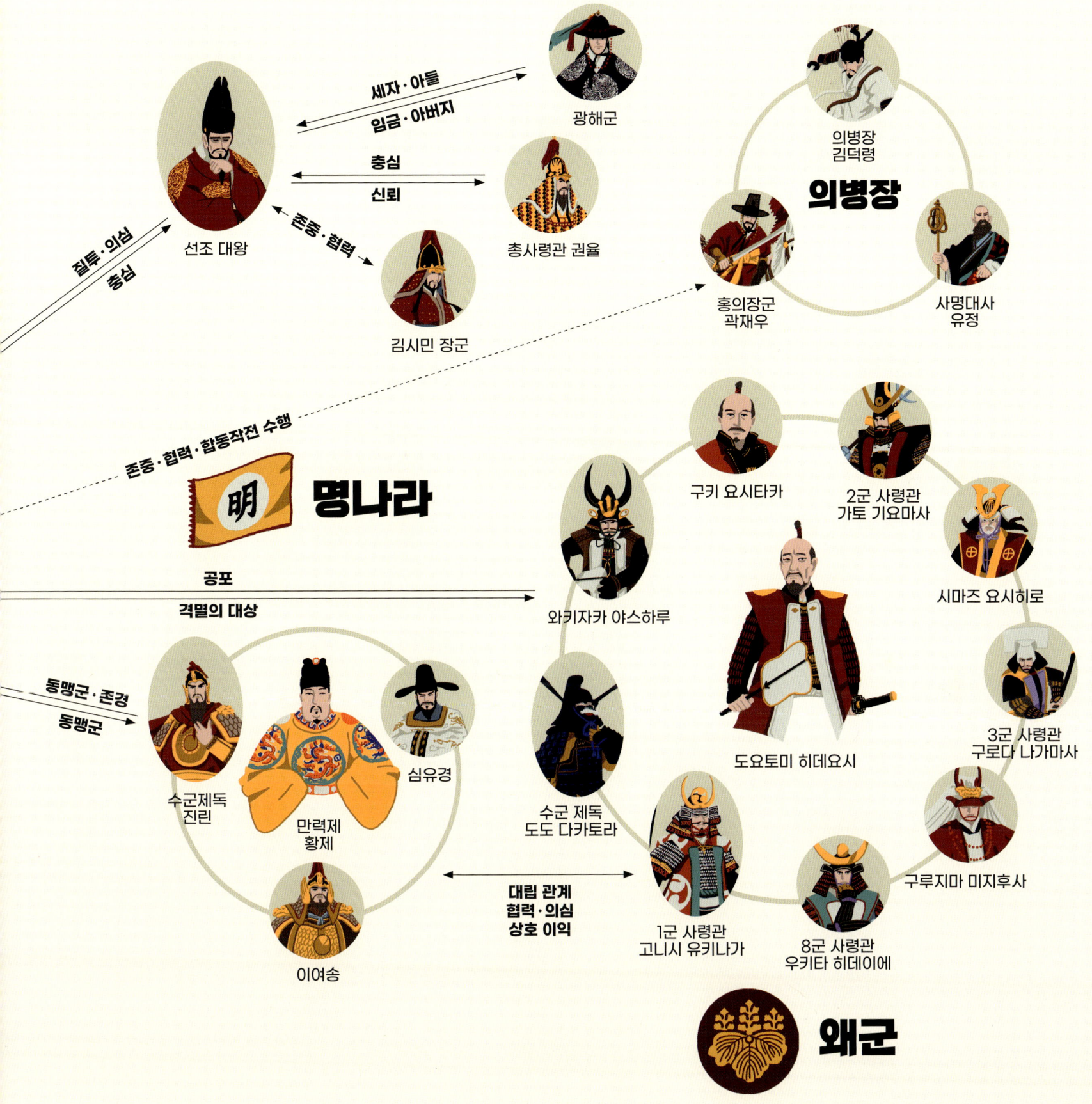

이순신의 사람들
천하제일 이순신의 무적함대를 있게 해준 위인들

송희립
1553-1623

용맹한 현장 전술가
임진왜란이 일어나자 형과 의병들을 모아 이순신 휘하에 들어갑니다. 이순신은 이전부터 송희립의 용맹함을 알고 있었기 때문에 매우 기뻐했습니다. 전쟁 초기부터 이순신과 함께 전술을 논의하며 수많은 전과를 거두었고, 노량해전에서 쓰러진 이순신의 갑옷과 투구를 착용하고 전투를 독려하여 승리로 이끈 인물입니다.

- 통솔력 ★★★★☆
- 무력 ★★★☆☆
- 지력 ★★★☆☆
- 매력 ★★★☆☆

배흥립
1546-1608

이순신 휘하 핵심 인물 5명 중 1인
임진왜란 초기에 이순신과 모든 전투에 참여하여 큰 공을 세웁니다. 칠천량 해전에 무너진 조선 수군을 이순신과 함께 재건하여 명량과 노량해전에서 큰 공을 세웠습니다.

- ★★★☆☆ 통솔력
- ★★★☆☆ 무력
- ★★☆☆☆ 지력
- ★★☆☆☆ 매력

정걸
1514-1597

판옥선과 화포 개발자
50년 이상 군 생활을 한 노련한 장군. 이순신에게 전략과 경험을 전수하며, 80세까지 전투에 참여했습니다. 이순신은 정걸의 직책을 넘어 진심으로 존경했습니다.

- 통솔력 ★★★☆☆
- 무력 ★★☆☆☆
- 지력 ★★★★☆
- 매력 ★★☆☆☆

나대용
1556-1612

거북선의 설계자

공부를 잘하고 활쏘기와 말타기에도 능하며
칼과 창을 쓰는 것이 마치 귀신과 같았다고 합니다.
무과에 급제했으나 관직에 관심이 없어 그만두고
오로지 거북선 연구에만 매진했습니다.
임진왜란 발발 한 달 전 거북선을 완성합니다.
기술뿐 아니라 전략과 전술도 뛰어나
전투에 큰 역할을 했고,
이순신이 옥에 갇혀있을 때
동지들과 통곡하며
무고함을 호소했습니다.

통솔력 ★★☆☆☆
무력 ★★★★☆
지력 ★★★★☆
매력 ★★☆☆☆

어영담
1532-1594

바다 물길 전문가

고집스럽게 바다를 지키며
오로지 물길 연구에만 매달렸고
벼슬에 큰 욕심이 없었습니다.
이순신의 작전에 매우 큰 역할을 한
참모였으며 용감한 장수로서
쾌속선을 타고 특공대 역할을
하기도 했습니다.

★★☆☆☆ 통솔력
★★★☆☆ 무력
★★★☆☆ 지력
★★☆☆☆ 매력

충무공
이순신 장군
1545-1598

★★★★★ 통솔력
★★★★☆ 무력
★★★★★ 지력
★★★★★ 매력

이순신의 사람들
천하제일 이순신의 무적함대를 있게 해준 위인들

이봉수
1553-?

화약 제조의 달인
이봉수는 화약 제조의 달인이며, 잘생긴 명문가 도련님이자 훌륭한 무장이었습니다. 이순신의 명으로 3개월 동안 화약을 연구하고 실험한 끝에 화약의 핵심인 염초 천 근을 만들어냅니다. 덕분에 5개월 동안 화약이 없어 꼼짝 못 하던 이순신의 무적함대가 여수에서 돛을 올리게 됩니다.

- 통솔력 ★☆☆☆☆
- 무력 ★★★☆☆
- 지력 ★★★☆☆
- 매력 ★★★★☆☆

김완
1546-1607

조선 수군의 에너지
사람들의 용기를 북돋아 주는 역할을 했고 이순신 휘하에서 핵심직으로 많은 전공을 세웠습니다. 칠천량 해전에서 총과 칼을 맞고 물에 빠져 간신히 구조되었으나 일본군에 잡혀 일본으로 이송되어 투옥생활을 합니다. 끝까지 항복하지 않고 버티다 탈옥합니다.

- ★★★☆☆ 통솔력
- ★★☆☆☆ 무력
- ★★☆☆☆ 지력
- ★★★☆☆ 매력

권준
1541-1611

이순신의 핵심 지휘관
지략이 뛰어나고 활을 매우 잘 쏘았습니다. 총알이 빗발치는 적선 한가운데로 뚫고 들어가 왜군의 장수를 한 방에 쏘아 맞추었습니다. 1594년 암행어사가 탐관오리로 지목해 파직되어 잡혀갔는데, 이순신은 함께 작전을 논의하며 전투를 치르고, 큰 공을 세웠던 권준을 떠나보내는 것에 크게 아쉬워했습니다.

- 통솔력 ★★★☆☆
- 무력 ★★★★☆
- 지력 ★★★★☆
- 매력 ★★★☆☆

제만춘

이순신의 첩보원

포로생활을 통해
일본군의 동태를 파악했습니다.

통솔력 ★☆☆☆☆
무력 ★★☆☆☆
지력 ★★★☆☆
매력 ★★☆☆☆

정사준
1553-?

정철총통 개발자

양반인 정사준은 일본군의 신무기인 조총에
낙엽처럼 쓰러지는 백성들을 보며 비통함과
분함을 참지 못하고 자신의 가족과 함께
군량미 천 석을 수레에 싣고 스스로
전라좌수사 이순신의 군사로 들어옵니다.
정사준은 조총과 같은 무기를
반드시 만들어내야 한다는 생각으로
동료들과 연구를 거듭했고,
마침내 일본의 조총보다 더 뛰어난
정철총통을 개발합니다.
정철총통을 비변사로 보내 조정에서
대량 생산을 한 것으로 보입니다.

★★☆☆☆ 통솔력
★★★★☆ 무력
★★★★☆ 지력
★★☆☆☆ 매력

이언량
?-1598

괴력의 거북선 돌격장

머리가 좋고 힘도 좋았던 인물. 나대용과 함께
거북선을 만들었고 최선봉 돌격장으로서
자신의 몸을 살피지 않고 싸워 수많은
왜선을 침몰시켰습니다.
노량해전에서 명나라 수군 도독
진린을 구하다가 총에 맞아 전사합니다.

통솔력 ★★★☆☆
무력 ★★★★☆
지력 ★★★☆☆
매력 ★★☆☆☆

83

이순신의 사람들
천하제일 이순신의 무적함대를 있게 해준 위인들

무의공
이순신
1554-1611

'충무공' 이순신 장군과 동명이인

가장 신임했던 핵심 참모 중 1인.
한산도대첩에서 대담한 용기로
일본 대선단을 유인해냈습니다.
이후로도 이순신과 함께
해전에서 큰 활약을 하였고
마지막 노량해전에서 이순신이
전사한 뒤 전군을 인솔하여
큰 승리를 거둡니다.

- 통솔력 ★★★★☆
- 무력 ★★★☆☆
- 지력 ★★★★☆
- 매력 ★★☆☆☆

정운
1543-1592

**왜군이 가장 무서워한
이순신의 선봉장**

이순신의 선배였고
이순신이 가장 아꼈던 장수.
무술과 독서에 힘을 쓰고
몸가짐을 단아하게 단속하던
사람이었습니다. 일을 처리할 때는
오직 도의만을 따랐으며
성품이 강직하고 정의로웠습니다.
부산포해전에서 적이 쏜 대철환에
목숨을 잃습니다.

- 통솔력 ★★★★☆
- 무력 ★★★★★
- 지력 ★★★★☆
- 매력 ★★★★☆

류형
1566-1615

이순신의 열광적인 팬

해남 현감으로 근무하던 류형은 이순신의
통제영에 군량이 떨어졌다는 말을 듣고
쌀 오십 섬을 싣고 가 이순신과 합세합니다.
정유년, 이순신이 옥에 갇혀 바다를 지킬 수
없음에 슬퍼하는 여러 고을들을 격려합니다.
이후 수군 재건에 여러 방책을 내어
수천 명의 장정들을 충원해,
다시 예전의 위용을 갖추게 합니다.
노량해전에서 여러 발의 총탄을 맞고도
꼿꼿이 서서 적과 싸웠고,
전란 후 전라좌수영대첩비 건립에 힘을 씁니다.
무엇보다 이순신을 사모하는 마음이
매우 컸던 인물입니다.

- ★★★☆☆ 통솔력
- ★★★☆☆ 무력
- ★★☆☆☆ 지력
- ★★★☆☆ 매력

원균
1540-1597

이순신의 가장 큰 숙제

경상우수사로서 이순신에게 도움을 요청하여
이순신 부대에 합류해 함께 전투합니다.
점점 이순신과의 갈등이 심해져
이순신을 모함하고 감옥에 가게 한 후
삼도수군통제사로 임명됩니다.
하지만 정유재란이 발발했을 때
칠천량 해전에서 한 번도 패한 적이 없는
이순신의 무적함대를 전멸시키고 본인도 전사합니다.

통솔력 ☆☆☆☆☆
무력　★★★☆☆
지력　★☆☆☆☆
매력　★☆☆☆☆

류성룡
1542-1607

조선의 재상이자 이순신의 멘토

선조 임금을 수행하며
왜군을 물리치는데 큰 역할을 한 재상.
이순신의 멘토이자 지지자였습니다.
일본과의 전쟁을 걱정한 류성룡은
이순신을 빠르게 승진시켜
전라좌수군으로 보냅니다.
류성룡과 이순신은 막역한
지기(참된 친구)였다고 합니다.

★★★★☆ 통솔력
☆☆☆☆☆ 무력
★★★★★ 지력
★★★★☆ 매력

이억기
1561-1597

엘리트 출신의 전라우수사

전라우수사로 2차 출전부터
이순신 함대에 합류하여 전투에 임합니다.
같은 계급이지만 16살 위인 이순신에게
적극 협조하며 해전을 수행합니다.
이순신과 사이가 좋았으며 맡은 임무에 충실했습니다.
하지만 이순신이 투옥되고
칠천량 해전에서 패하며 자결합니다.

통솔력 ★★★☆☆
무력　★★☆☆☆
지력　★★☆☆☆
매력　★★★☆☆

85

이순신의 사람들
천하제일 이순신의 무적함대를 있게 해준 위인들

광해군
1575-1641(재위 1608-1623)

왕을 대신해 나라를 지킨 왕자
임진왜란이 발발했을 때 피난지 평양에서 세자에 책봉됩니다. 임진왜란 기간 중에 평안도·강원도·황해도 등지를 돌면서 민심을 수습하고 왜군에 대항하기 위한 군사를 모집하는 등 적극적인 분조* 활동을 전개합니다. 서울을 수복한 후 수도 방위에도 힘을 기울였고, 정유재란 때는 전라도·경상도로 내려가 군사들을 독려하고 군량과 병기 조달은 물론 백성들의 안위를 돌보는 등 여러 노력을 기울입니다.

*
1. 조정을 나눔.
2. 임진왜란 때 선조가 본조정과 별도로 임시로 설치한 조정.

통솔력 ★★★☆☆
무력 ★☆☆☆☆
지력 ★★★☆☆
매력 ★★★☆☆

선조
1552-1608(재위 1567-1608)

이순신을 질투했던 임금
많은 인재를 등용하여 나라를 잘 이끌어가고자 하였으나 정치인들의 분열과 당쟁으로 혼란을 겪었습니다. 재위 후반에는 임진왜란으로 의주까지 피난하고 명나라의 구원을 간절히 원합니다. 이순신과 권율 그리고 각지에서 일어난 의병들에 의해 위기를 극복할 수 있었습니다.

통솔력 ☆☆☆☆☆
무력 ☆☆☆☆☆
지력 ★★★☆☆
매력 ★☆☆☆☆

김시민
1554-1592

진주성의 영웅
임진왜란 당시 진주성 전투에서 4천 명이 안 되는 병력으로 3만 명에 가까운 일본군을 격퇴하고 전사합니다. 진주성을 지킴으로 왜군의 전라도 침입을 막았으며 이순신이 바다에서 맘 편히 전투에 임할 수 있도록 도왔습니다.

★★★★☆ 통솔력
★★★★☆ 무력
★★★★☆ 지력
★★★☆☆ 매력

권율
1537~1599

조선군 총지휘관
임진왜란의 3대 대첩 중 하나인 행주대첩으로 큰 공을 세웠으며 7년간 조선군 총지휘관으로 활약합니다. 이순신은 두 번째 백의종군 때 권율 장군과 함께 전국을 돌며 전투에 참가합니다.

★★★★☆ 통솔력
★★★★☆ 무력
★★★☆☆ 지력
★★★★☆ 매력

의병장
조선의 육지를 지켜준 빛나는 의병장들

김덕령
1567-1596

의병 영웅

의병을 일으켜 권율 휘하에서 곽재우와 협력해 왜군을 수차례 격파합니다. 이순신과 함께 육지 해상 합동 작전을 수행했으나, 이후 누명으로 인해 체포되었고 혹독한 고문으로 생을 마감합니다.

★★★☆☆ 통솔력
★★☆☆☆ 무력
★★☆☆☆ 지력
★★★☆☆ 매력

사명대사(유정)
1544-1610

나라를 구한 금강산의 승병장

임진왜란 때 스승인 휴정과 승병을 모아 평양성 탈환에 큰 역할을 합니다. 여러 산성을 짓는데 큰 공헌을 하였으며 활촉 및 조총 훈련법 등에도 힘을 실었습니다. 전쟁 후에는 조선인 포로 3천 명을 데리고 오는 외교적 성과를 이루기도 합니다.

통솔력 ★★★☆☆
무력 ★★★☆☆
지력 ★★★★☆
매력 ★★★★☆

곽재우
1552-1617

공포의 홍의장군

임진왜란의 대표적 의병장. 임진왜란을 극복하는데 중요한 공헌을 한 장수이며 붉은색 옷을 입고 전투에 참가하여 홍의장군으로 불립니다. 이순신과 함께 육지 해상 합동 작전을 수행했습니다. 곽재우는 왜군들에게 공포의 대상이었습니다.

★★★★★ 통솔력
★★★★★ 무력
★★★★☆ 지력
★★★★☆ 매력

명나라
명나라 황제 및 조·명 연합군

만력제

중국 명(明)의 제13대 황제

어린 나이인 10살에 즉위.
초기에는 내정 개혁을 추진하여
사회와 경제의 발전을 이룩합니다.
그러나 신하 장거정이 죽은 뒤 황제로서의 정무를
돌보지 않아 정치적 혼란을 가져오게 되고
결국 나라를 멸망으로 이끕니다.

통솔력 ★☆☆☆☆
무력 ☆☆☆☆☆
지력 ★★★★☆
매력 ★★☆☆☆

이여송

명나라 원군의 장수

임진왜란 때 4만 3천 명의
원병을 이끌고 참전한 장수.
조선군과 연합하여
평양성과 평안도, 황해도, 개성까지
탈환하였지만 서울 부근에서 패한 뒤
평화협정에만 주력했습니다.

★★★☆☆ 통솔력
★★★★☆ 무력
★★☆☆☆ 지력
★★☆☆☆ 매력

심유경

협상의 달인

임진왜란 때 조선에서 활약한
명나라 사신으로 평양성에서
왜장 고니시 유키나가와 만나
협상하며 활발한 외교전술을 펼칩니다.

통솔력 ★★★☆☆
무력 ☆☆☆☆☆
지력 ★★★★★
매력 ★★★★☆

진린

명나라 수군의 도독

부하들을 혼내고 때리기를 좋아하는 성격의 장군.
매우 거만하여 조선 관리자들을 괴롭혔습니다.
하지만, 이순신만큼은 진심으로 좋아하고
존경하며 선조와 명나라 황제에게
이순신의 칭찬을 하곤 했습니다.
이순신에게 전쟁 이후 명나라에 가서
살자고 설득하기도 합니다.

★★☆☆☆ 통솔력
★★★★☆ 무력
★★★☆☆ 지력
★★★☆☆ 매력

왜군 주요 지휘관
임진왜란과 정유재란의 왜군 주요 수장들

가토 기요마사

호랑이 사냥꾼

제2군 사령관. 도요토미 히데요시의 칠본창 중 한 명.
한양 점령에 이어 함경도까지 진출하며 전투에서 큰 공을 세웁니다.
기세등등하여 북쪽의 여진족에게까지 싸움을 겁니다.
하지만, 고니시 유키나가 등 장수들과 갈등이 많았습니다.
조선의 호랑이 사냥에 빠져
호랑이라는 별명이 생겼습니다.

통솔력 ★★★★☆
무력 ★★★★☆
지력 ★★☆☆☆
매력 ★★☆☆☆

구로다 나가마사

제3군 사령관

전국시대 때 활약한 무장으로
임진왜란과 정유재란 모두 참전하여
부산, 김해, 창원, 황해도 방면까지
조선의 많은 백성들을 학살했습니다.

★★☆☆ 통솔력
★★★★☆ 무력
★☆☆☆☆ 지력
★★☆☆☆ 매력

도요토미 히데요시

**일본 전국 통일 후
동아시아 지배의 야욕을 품다**

일본의 전국시대를 통일한
무장가이자 정치가.
일본 전국 60주를 통일 후
지방 무사들의 단합을 꾀합니다.
명나라를 정복한다는 명분으로
임진왜란과 정유재란을 일으켰습니다.
그동안 일본의 어떤 통치자도
시도하지 못했던 대륙을 정복하여
자신의 위세를 떨치고자 했습니다.

통솔력 ★★★★☆
무력 ☆☆☆☆☆
지력 ★★★★☆
매력 ★☆☆☆☆

왜군 주요 지휘관
임진왜란과 정유재란의 왜군 주요 수장들

시마즈 요시히로
왜군의 스타 무사
19세부터 전투에 참여하여
일본 전국시대의 용맹을 떨칩니다.
임진왜란 때 1만 5000여 명의
군사를 이끌고 참전했고,
노량해전에서 이순신과 혈투를 벌입니다.
일본으로 철수할 때 전라북도 남원성에서
80여 명의 조선 도공들을 납치해 갑니다.

통솔력 ★★★☆☆
무력 ★★★★☆
지력 ★★★☆☆
매력 ★★★☆☆

구키 요시타카
왜군의 참모
해적 칠인방 중 한 명으로 꼽혔고,
오다 군에서도 해군의 지휘자로 활약하는 인물로,
일본의 수군 무장입니다.
도요토미 히데요시 수군 조직의
중핵을 맡으면서 많은 전공을 세웁니다.
임진왜란 때 안골포해전에서
이순신에게 대패하고
후방 지원하는 책임을 맡습니다.

★★☆☆☆ 통솔력
★★☆☆☆ 무력
★★★★☆ 지력
★★★☆☆ 매력

고니시 유키나가
제1군 선봉장
임진왜란 때 가토 기요마사와 함께
선봉을 맡아 한양에 제일 먼저 입성하여
평양까지 침공합니다.
그 이후 명과의 화평공작에 실패하여
귀국했다가 정유재란 때 다시 출병합니다.
조선 조정에 간계를 부려
이순신을 백의종군하게 만들고 정유재란 때
조선 수군 궤멸의 원인을 제공합니다.

통솔력 ★★★★☆
무력 ★★★☆☆
지력 ★★★☆☆
매력 ★★★★☆

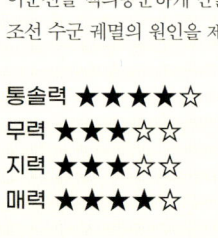

와키자카 야스하루

이순신에 대패한 장수

전국시대 활약한 무장으로 임진왜란 당시 주로 수군을 이끌며 전투에 참여합니다. 하지만, 한산도대첩에서 이순신에게 대패하며 이순신 공포심에 벌벌 떨게 됩니다. 이순신이 누명으로 옥에 갇히자 칠천량 해전에서 원균이 이끄는 조선 수군을 역습하여 격멸합니다.

통솔력 ★★★☆☆
무력 ★★★☆☆
지력 ★★★☆☆
매력 ★★★☆☆

도도 다카토라

왜군 수군 제독

영향력 있는 다이묘로 임진왜란과 정유재란 모두 수군 제독으로 출정하여 이순신에게 대패하였고 히데요시 사망 이후 왜군 철수를 책임졌던 인물입니다.

★★★☆☆ 통솔력
★★★☆☆ 무력
★★★☆☆ 지력
★★★☆ 매력

우키타 히데이에

왜군 총사령관

어렸을 때부터 히데요시의 총애를 받은 다이묘*. 임진왜란 때 명나라 이여송 군대를 크게 격파합니다.

통솔력 ★★☆☆☆
무력 ★★☆☆☆
지력 ★★★☆☆
매력 ★★★★☆

*
일본 헤이안 시대에 등장하여 19세기 말까지 각 지방의 영토를 다스리고 권력을 행사한 유력자. 무사계급으로서 그 지방의 행정권, 사법권, 징세권을 가졌고 군사사무도 관할함.

구루지마 미지후사

해적 출신의 다이묘

이순신을 잡기 위해 특별히 파견된 인물. 자신의 친형이 당항포해전에서 이순신에게 패함과 동시에 목숨을 잃어 명량해전에서 선봉장으로 이순신에게 복수를 하고자 합니다. 하지만, 명량해전에서 이순신의 활에 맞아 대장선에서 떨어져 조선 수군에 의해 참수당합니다.

★☆☆☆☆ 통솔력
★★★★☆ 무력
★★☆☆☆ 지력
★★★☆☆ 매력

에필로그

이　　　　순　　　　신

이순신을 향한 관심과 존경으로 시작한 작업이지만, 하면 할수록 얼마나 어렵고 큰일인지 알게 되었다. 때문에 그의 행적이 담긴 서적들의 뒤를 밟으며 조심스럽게 이순신 장군의 잘 알려진 부분을 추려서 쓰려고 노력했다.

성웅 이순신 장군은 세종대왕과 함께 우리나라 국민이 사랑하고 존경하는 인물 1~2위를 다투는 위인으로 남녀노소 모두가 좋아하는 위인 중 한 명이다. 지극한 충성심, 숭고한 인격, 위대한 통솔력으로 임진왜란 중에 가장 큰 공을 세워 위기에 처한 나라를 구했고 민족사에 독보적으로 길이 남을 인물이 됐다. 몇 백 년이 지난 지금까지도 나라가 어려울 때마다 이순신 장군은 국민들에게 여러 모습으로 나타나 힘을 주는 존재가 되었다. 때문에 이순신을 연구하고 사랑하는 분들이 정말 많다. 이 책이 그분들의 연구에 누가 되지 않기를 바란다. 다만, 내가 할 수 있는 시각적인 표현 방법으로 이순신 장군과 임진왜란을 풀어내고 기록하고 싶었다.

이순신을 알면 알수록 인간적인 매력을 가지고 있는 또 한 명의 '사람'이라는 생각이 커졌다. 나라를 지킨 전쟁영웅 정도로만 알고 있었으나, 알고보니 사람과 동물을 매우 사랑하는 분이셨고, 수많은 적들을 물리치면서도 매번 죄책감에 시달리셨던 것이다.

성웅은 지혜와 덕을 갖춰 많은 사람들이 존경하는 영웅을 뜻하는데, 이것이 비로소 이순신 장군에게 어울리는 수식어라고 생각한다. 기록에도 이순신과 함께한 사람들이라면 누구든 이순신을 따르고 좋아했음을 밝히고 있다. 임진전쟁 당시 연합군이였던 명나라 수군제독을 비롯하여 적군이였던 와키자카 등 다른나라 장군들의 마음마저 빼앗는 엄청난 매력의 소유자이기도 하다.

역사에 '만약'은 불필요한 이야기지만, 아쉽고 안타까운 마음에 여러 가지 상상을 해보았다. 임진왜란 초기에 이순신 장군이 경상도를 지키고 있었다면, 왜군들은 부산 앞바다에 들어오지도 못하지 않았을까? 삼도수군통제사 때 투옥되지 않고 계속 바다를 지키고 있었다면 정유

재란까지 이어지지 않지 않았을까? 조선이 평화에 취해있지 않고 단결하여 이순신 장군을 필두로 적극적으로 세계로 나갔다면 대항해시대의 주인공은 영국이 아닌 조선일 수도 있지 않았을까? 스페인의 무적함대보다 더 강한 해상강국으로 알려지지 않았을까? 하는 다소 과감한 상상도 해본다. 각자가 지키고자 하는 것이 달랐을 뿐 임진왜란 당시 조선, 명나라, 일본 모두 최선을 다해 싸웠다. 200년 이상 평화를 누려온 조선과 무사들 간의 치열한 전투로 무력이 고조되고 있었던 일본과의 전쟁은 그야말로 참혹했다. 순식간에 침략당한 국토는 회복 불가능해 보였지만 이순신으로 인해 조선의 반격이 가능해졌고, 이후 승리의 희망도 볼 수 있게 되었다. 이순신의 영향으로 각지에서는 여러 영웅들이 탄생하게 된다.

이순신 장군의 이야기는 지금까지도 계속해서 회자가 되고 있는 우리나라의 소중한 유산이다. 이순신 장군의 훌륭한 점은 수없이 많다. 참전한 모든 전투에서 승리를 거둔 것뿐만 아니라 과학 기술 분야의 깊은 관심으로 거북선, 조총, 화약, 화포 등 여러 무기를 전장에 투입하였다는 점이 특히 놀랍다. 다시는 이러한 치욕적인 침략을 당하지 않도록 난중일기라는 개인 기록물을 후세에 남겨주셨다는 점 또한 그렇다. 그는 최악의 상황에서도 최고의 결과를 만들었으며, 그 어떠한 상황에서도 포기하거나 도망치지 않으셨다.

		1500		1550			1600
대한민국	조선왕조 1392-1910	10. 연산군 1494-1506	11. 중종 1506-1544	12. 인종 1544-1545	13. 명종 1545-1567	14. 선조 1567-1608	15. 광해군 1608-1623
		1498 무오사화	1506 중종반정 1510 삼포왜란 1512 임신약조 1543 백운동 서원 설립		1545 을사사화 1555 을묘왜변 1562 의적 임꺽정 활동	1592-1598 임진왜란 한산도 대첩 1593 명나라 2차 원병 훈련도감 설치 행주대첩 1597 정유재란 명량 대첩	1608 경기도, 대동법 실시 1609 기유약조 1610 허준, 동의보감 완성 1616 중립외교정책
				충무공 이순신 1545-1598 1545 출생 1598 우의정에 추증됨	1598 노량해전에서 전사	1603 부하들이 타루비를 세움 1604 선무공신 1등 책록 덕풍부원군에 추봉 좌의정에 추증됨	1606 통영에 충렬사 세움 1615 여수 전라좌수영 대첩비 세움
아시아	중국	명 Ming Dynasty 1368-1644 청 Qing Dynasty 1616-1912					1616 후금(청) 건국
	일본	전국시대 In Warlike Ages 1467-1568			아즈치모모야마시대 Azuchi-Momoyama Period		에도 시대 Edo Period 1603-1867
	인도	무굴제국 Mughul Empire 1526-1858					
유럽	영국	대영제국 British Empire 1497-1997					
	프랑스	프랑스 France 987-					
	독일	신성로마제국 Holy Roman Empire 962-1806					
	이탈리아	도시국가 이탈리아 The Italian City States 843-1861					
	스페인	스페인제국 Spanish Empire 1492-1975					
	덴마크	덴마크 Denmark 1448- -노르만 민족 이동 후 국가 설립 시기					
	스웨덴			스웨덴 Sweden 1523- -노르만 민족 이동 후 국가 설립 시기			
	러시아	모스크바 대공국 Grand Principality of Moscow 1283-1547					로마노프 왕조 Romanov dynasty 1613-1917
북아메리카	미국					북아메리카 영국령 British North America 1607-1776	
	세계 주요 사건		1519-1522 마젤란, 세계 일주 1536 칼뱅 종교 개혁	1562-1598 위그노 전쟁	1588 영국, 스페인 무적함대 격파	1592-1598 조선, 일본 전쟁	1600 영국, 동인도 회사 설립 1609 갈릴레이, 망원경 발명 1618-1648 독일, 30년 전쟁

1650 — 1700 — 1750

16. 인조 1623-1649	17. 효종 1649-1659	18. 현종 1659-1674	19. 숙종 1674-1720	20. 경종 1720-1724	21. 영조 1724-1776	22. 정조 1776-1800
1623 인조반정	1653 하멜, 제주도 표착	1659 기해예송	1678 상평통보 주조		1724 탕평교서 발표	1776 규장각 설치
1624 이괄의 난	1654 1차 러시아 정벌	1668 하멜, 표류기 출간	1696 안용복, 독도 사수		1728 이인좌의 난	1784 이승훈, 천주교 신자로 입교
1627 정묘호란	1658 2차 러시아 정벌	1670 장계향, 『음식디미방』 간행	1708 대동법 전국으로 확대		1729 김만기, 화차 개량 삼복법 시행	1785 대전통편 완성
1635 영정법 시행	1643 '충무' 시호	1674 갑인예송	1712 백두산정계비 건립		1750 균역법 실시	1791 통공 정책 실시
1636 병자호란					1770 백과사전 동국문헌비고 편찬	1792 정약용, 거중기 발명
1633 충렬사에 충민공비 건립						1794-1796 수원 화성 건설
1633 충렬사에 충민공비 건립						1793 영의정에 추증됨
1643 '충무' 시호						1795 『이충무공전서』 간행
1644 명 멸망, 청 중국 통일						1796 백련교의 난
						1815 아편 밀수 금지
						1801 아일랜드 왕국 합병
				프랑스제국 French Empire 1804-1870		
			프로이센 Preussen 1701-1871			
			사르디니아 Sardinia 1720-1861			
						미국 The United States 1776-
1642-1649 청교도 혁명		1687 뉴턴, 만유인력 법칙 발견	1688 영국, 명예혁명		1757 플라시 전투	1776 미국, 독립선언
1648 베스트팔렌 조약체결			1689 영국, 권리 장전 발표		1762 루소, 사회계약론 발표	1789 프랑스 혁명, 인권 선언
			1689 네르친스크 조약 체결		1769 와트, 증기 기관 완성	1797-1815 나폴레옹 전쟁
						1807 풀턴, 증기선 발명

초판 1쇄 펴낸 날 2021년 6월 4일
초판 3쇄 펴낸 날 2022년 8월 19일

지은이 권동현 | **펴낸이** 홍정우 | **펴낸곳** 코알라스토어
책임편집 김다니엘 | **편집진행** 차종문, 박혜림 | **디자인** 참프루, 이예슬 | **마케팅** 육란
주소 (04035) 서울특별시 마포구 양화로7안길 31(서교동, 1층)
전화 (02)3275-2915~7 | **팩스** (02)3275-2918 | **이메일** brainstore@chol.com
등록 2007년 11월 30일(제313-2007-000238호)

ISBN 979-11-88073-74-0(73910)
ⓒ 코알라스토어, 권동현, 2021

***코알라스토어**는 브레인스토어의 유아·아동 브랜드입니다.
이 책은 저작권법에 따라 보호받는 저작물이므로 무단전재와 무단복제를 금하며, 이 책 내용의
전부 또는 일부를 이용하려면 반드시 저작권자와 코알라스토어의 서면 동의를 받아야 합니다.